不機嫌から
卒業するための
48のポイント

イライラ、さよなら。

堀内恭隆

すばる舎

実践者の声

新たな発見があり、
身体と心が軽くなった。
（梅尾愛一郎さん　30代男性）

自分が
ずっと嫌だったことと
向き合えました。
ホッとしました。
（すーみーさん　30代女性）

涙と共に、
自分の声を無視していた
悲しみと寂しさが出てきました。
終わったあとには、
胸がラクになりました。
（加藤貴大さん　30代男性）

怒ってもいいよ、
と自分に許可できた。
（愛さん　40代女性）

思考がスッキリして、
全身がポカポカしています！
（株本あゆみさん　50代女性）

怒りに対して
否定的な感情が消え、
身体が軽くなりました。
（K美さん　60代女性）

自分のなかの
ゴリゴリ、トゲトゲしたものが
スッキリなくなっていました。
（にしいゆかりさん　50代女性）

ずっしりと重い鉄の鎧《よろい》をまとったように
ガチガチで動けない感覚が、少しずつ解けて、
霧が晴れたように
視界がクリアになった。
その日は**ぐっすり眠れた。**
（みほさん　30代女性）

不機嫌から卒業するための
㊽のポイント

①	「絶対に怒らない」ではなく、 「感情と上手につき合える」を目指す
②	「怒り」は「自分」ではない
③	怒りも一時的なエネルギーにすぎない
④	「怒りの本当の原因」を探すクセをつける
⑤	「素敵メガネ」をかけて過ごす
⑥	怒りの感情を無理に否定しない
⑦	怒ってしまった自分を責めない
⑧	怒りを抑え込むと、連動してほかの感情も 抑え込まれてしまう
⑨	怒りは、真の安らぎへの扉でもある
⑩	タオルを口に当てて、思いっきり叫んでみる
⑪	感情を解放する→喜びを感じる力が戻る→ 世界が素敵になる
⑫	「評価」というモノサシを、いったん置いてみる

不機嫌から卒業するための
㊽のポイント

㊲	理不尽には、「非難」ではなく 「対話のきっかけ」をつくって対応する
㊳	短期の成果だけではなく、 長期的な視点を持つ
㊴	ムダだと思う会議は、 前提や目的を確認してみる
㊵	「断る勇気」を持ってみる
㊶	「子どもには子どもの価値観がある」と 再認識する
㊷	「なんで私だけが……」ではなく、 「一緒につくる」というスタンスで
㊸	「子どもの反抗的な態度の裏にある本音は 何か？」を考えてみる
㊹	迷惑行為を見たら、自分の行動を 振り返るチャンス
㊺	待ち時間を有効活用できる手段を、 あらかじめ持っておく
㊻	不愛想に対して、こちらも不愛想で接するのを やめてみる
㊼	自分でコントロールできないものは 「しかたない」と割り切る
㊽	過去に「人から褒められたこと」を思い出す

穏やかで、軽やかで、涼やかな

毎日でありますように。

はじめに

この本を読むと、あなたの人生に訪れる**9割の「怒り」と、さよなら**できます。

「そんなの無理に決まっている」

そう思うのも当然です。
朝、満員電車で押しつぶされそうになり、誰かが背中をグイッと押してくる。
その瞬間、思わず舌打ちしそうなほどイラ立ちを感じる。
職場では、上司が「これ、やり直して」と鼻であしらうようなひと言を放ち、
胸の奥にカッと熱が走る。
疲れて帰宅すれば、パートナーの何気ないひと言にまたイラッ……。

私たちは、こうした〝小さな怒り〟に日々振りまわされています。

しかし**本書でお伝えする「怒らない状態」は、その常識をくつがえします。**

従来の怒りの対処法といえば、「深呼吸して抑える」「カラオケで発散する」など、さまざまあります。

どれも素晴らしい方法ですが、やはり、いずれも応急処置です。

本書でお伝えする方法は、湧いてきた怒りに対処しようとするだけではなく、**〝怒りの構造そのもの〟にアプローチします。**

「怒り」と闘うのではなく、「怒っている自分」を深く見つめること。

怒りを無理に抑え込むのではなく、怒りを生み出す意識を変えることで、根本的な解決を目指します。

ゆえに、本書の「怒らない状態」とは「絶対にイライラしないカンペキ人間を目指す」ということではなく、**「怒りに影響されないようになり、人生を軽やかに過ごせる人になる」**ことを言います。

あなたは本書の内容を実践することで、今後の人生、一瞬の怒りによって感情が爆発して、何か大切なものを失ってしまうような経験はなくなるでしょう。

もちろん**「怒らない」ことは「自分を抑えて、言いたいことも言えず、我慢する」ということではありません。**

むしろ、感情に飲み込まれず冷静に状況を見極められるようになるため、必要なときは毅然《きぜん》と「NO」と言うこともでき、より建設的な行動へとシフトできます。怒りに頼らなくても、むしろあなたの想いやビジョンはクリアになり、それどころか自身の想いの実現へ向けて、より的確で持続的な力を発揮できるようになるのです。

さらに、その奥底に眠るあなたの「本当の想いや願い」を解放し、キャリアや収入、人間関係、健康、さらには、あきらめていた夢さえも現実に引き寄せるほど、人生全般を飛躍的に向上させます。

「本当にそんなことが可能なの？」

そう感じて当然でしょう。私自身も、かつては同じ疑問を抱いていました。

私は、**その人の状態を安定させ、どんな状況でも最高のパフォーマンスを発揮するためのサポート**を、経営者、公務員、教師、研究

者、デザイナー、スタイリスト、音楽プロデューサー、写真家、弁護士、医師、コンサルタント、カウンセラーなど、**さまざまな分野1万5000人以上の方々に提供**してきました。

そのなかで、**人がもっとも大きな影響を受ける感情が「怒り」であるということが見えてきたのです。**

実際、ほとんどの方は自分のなかにある怒りに気づいておらず、それが知らないうちに心や身体にブレーキをかけてしまっています。

しかし、「怒らない状態」を身につけることで、驚くほどの変化が生まれます。**「感情に振りまわされなくなった」「仕事や人間関係がスムーズになり、成果が上がった」「心が軽くなり、新しい挑戦に踏み出せるようになった」**といった喜びの声が、いまも多数届いています。

あなたもこれを身につけることで、感情の波に左右されることなく、自分の力を最大限に発揮しながら、理想の人生を築いていくことができるでしょう。

ある経営者は、この変化によって企画力が向上し、半年で会社の売上が30%アップしました。

また、ある主婦はパートナーへの怒りが消え、家族全員が笑顔で食卓を囲む日々があたりまえになりました。

こうした成果は一部の特別な人だけの奇跡ではなく、多くの人々が再現している結果なのです。

おかげさまで、セミナーを募集すれば瞬《またた》く間に定員オーバー、キャンセル待ちはあたりまえ。オンラインプログラムは常に満席、海外からも参加者が増え続けるなど、多くの人々がこの非常識な変化を手に入れているのです。

なぜ、こんな魔法のようなことが起きるのでしょうか？

それは、**怒りがあなたの「本当の望み」へ続く入口**だからです。

怒りは、決して「敵」ではない

多くの人は、怒りをただの「不快な感情」「なくすべき敵」だと考えています。

しかし、**じつは怒りは、あなたが本当に求めているものを浮かび上がらせるサイン**なのです。

あなたの怒りの奥底にある「真の望み」に気づけば、同じ状況に遭遇しても心は揺れず、リバウンドなしの穏やかな感覚が定着します。

望みに気づいたあとは、もはや怒りというかたちでお知らせをもらわなくても、自分の進むべき方向を自然に感じ取れるようになるのです。

つまり、**怒りをコントロールすることは「常に自分自身の望みを意識しながら行動できる」状態への移行とも言える**わけです。

あなたが慢性的なストレス環境や深いトラウマを抱えている場合は、これまで怒りを「なんとかしよう」と努力してもうまくいかなかったことでしょう。

でも、そういった方でも**本書の内容を一つひとつやっていくうちに、自然と「怒らない状態」を養っていくことができます。**

私は**小学生のころ、たまたま手にしたある本をきっかけに「人間の意識」というものに強烈な関心を抱きました。**

その本で紹介されていた「自己催眠《じこさいみん》」という自分に暗示をかける方法に魅了され、**中学・高校でも試行錯誤を重ね、「そこまでやる必要があるのか？」と周囲に笑われるほど研究し続けました。**

大学時代になると、感銘を受けた本を見つければ、それを自分の血肉《ちにく》にするために何度も何度も繰り返し読み込み、実際に行動へ移しては、その結果や気づきを記録しました。そして、**わからない箇所を徹底的に洗い出していく……そんな作業を延々と繰り返したのです。**

20代に入ると、**セラピー、カウンセリング、コーチングなどを扱う専門家のもとを訪ねること100名以上、世界的権威や第一人者から直接学ぶ機会にも恵まれました。**

こうして膨大《ぼうだい》な量の研究と実践を積み重ねた末に最終的に行き着いたのが、この「怒らない状態」です。

私自身〝怒りが爆発することがない〟という劇的な変化を実感できたのです。

この手法は、ただ怒りを抑えるのではなく、怒りの奥にある感情を理解し、心の持ち方を根本から変えていくものです。読んでくださる方にとっても、大切な人間関係や自分自身との向き合い方を見直すきっかけになればと願っています。

怒りをコントロールできれば、人生のすべてが変わる

怒りに振りまわされずに生きることで、あなたは本来の自分をより鮮明に感じ、必要なときには堂々と意見を述べ、創造性や情熱を持って人生を切り拓《きひら》けます。

特別な才能や長い訓練は必要ありません。

この本で紹介する内容を、読んだその日から試してみてください。

わずか10分の実践で、あなたは最初の変化を感じ始め、1週間後には「最近イライラしていないかも?」と気づくでしょう。

すぐに試せる方法もあるので、読了後には効果を実感できるはずです。

本編に入る前に、本書の構成をご紹介します。

第1章では、**怒りの構造自体**を説明します。ここを読むことで、「自分」と「怒り」を切り離して考えることができるようになります。

第2章では、**感情に振りまわされないための考え方**をご紹介します。怒りが決して「悪者ではない」と思えるようになるでしょう。

第3章では、**応急処置のような「具体的な怒り解消の手法」**をいくつかご紹介します。目の前の怒りがどうしても収まらないときに役立てていただけるはずです。

第4章では、**怒りから卒業し、自分の本当の望みに気づく「心の解放ワーク」のやり方**をご紹介します。本書のキモとも呼べる部分なので、ぜひ実践してみてください。

第5章では、**日常で感じるさまざまな怒りを整理し、シチュエーションごとに、それぞれに隠された「自分でも気づかない真の願い」を引き出します。**さらに、怒りを抜けた先の世界をイメージできる内容になっています。

想像してください。

朝のイラ立ちが消え、発想が湧くクリエイティブタイムに変わり、オフィスでは人間関係がスムーズになり、成果も上がる。家に帰ればパートナーの言葉が優しく心に染み渡り、部屋には笑顔と穏やかな空気が漂う――。

そんな日々があたりまえになると、不思議なほど好機やいい出会いが舞い込むようになり、人生が前進します。あなたが本当に求めていた望みが、次々と現実化していくのです。

私自身も、国内外を自由に行き来し、本当に好きな人や、やりたい仕事に囲まれて暮らせるようになりました。

ときには2か月まるごと仕事を離れ、好きなことだけに没頭する日々を過ごすことさえ可能です。

部屋を見まわせば「これが好き！」と思えるものに囲まれているのを感じます。

今日から、あなたの人生は軽やかに、穏やかに、そして創造的に拓かれていきます。そして、いずれこのように言っているはずです。

「イライラ、さよなら」

もくじ

イライラ、さよなら。

第１章

「怒り」の構造を知ると、自分をコントロールできる

第2章

感情に振りまわされないための考え方

第3章

どうしてもイライラが止まらないときの16の処方箋

第5章

怒りを乗り越えた先の世界を知る「感情のトリセツ」

企画協力 山本時嗣
本文イラスト 力石ありか
ブックデザイン 池上幸一

第1章

「怒り」の構造を知ると、自分をコントロールできる

「怒らない」なんて、本当にできるの？

『イライラ、さよなら。』というタイトルには、一瞬、驚かれるかもしれません。**「本当にそんなことが可能なの？」**と疑問に感じる人も多いでしょう。

怒りは人間にとって自然に湧き上がる感情ですから、「完全に怒りをなくすなんて、無理」と感じるのも当然です。

しかし、このタイトルが目指しているのは、**「絶対に怒らない人」になることではなく、「怒りと上手につき合える、その意識を育てる」こと**なのです。

日常のなかで、誰しも何かに腹を立てたり、感情が高ぶる瞬間があるものです。

そのような瞬間に、私たちが自分の意識をどう扱うかが鍵となります。

「怒り」という感情自体を否定するわけではありません。
それをどのように受け止め、対応するかが大切なのです。

多くの人は、怒りが湧いた瞬間、その感情に流されてしまい、あとで悔やむことがあります。

たとえば、勢いに任せて誰かにきつい言葉をぶつけてしまったり、モノに当たってしまったりして、結果的に関係を壊したり、自己嫌悪《じこけんお》に陥ることもあるでしょう。

ですから、**「怒らない」ことを考えるうえでもっとも大切なのは、感情を無理に抑え込むことではなく、むしろ怒りが湧いたときに〝冷静でいられるための意識の持ち方〟を身につける**ということです。

怒りを感じたとき、それに振りまわされず、少し距離を置いて冷静に眺めることができれば、自然と穏やかな行動を取れるようになります。
それこそが、「怒らない状態」に近づくための大切な一歩なのです。

怒りを完全に消すことは難しいものです。
でも、怒りに支配されずに冷静な自分を保つことは可能です。

これから、そのための意識の持ち方を一緒に探っていきましょう。

ポイント 1

「絶対に怒らない」ではなく、「感情と上手につき合える」を目指す

怒りは「ただの反応」でしかない

日常生活で、何かがきっかけで強い感情が湧き上がることがあります。

怒りもそのひとつです。

「自分は怒っている」と思い込むこともあるでしょう。


しかし、少し視点を変えてみると、**「怒り」というのは、ただの感情の反応にすぎない**のです。

怒りは一瞬の反応であり、それ自体があなたの本質ではありません。

何か嫌なことがあったとき、瞬間的に心のなかで反応が生じ、それが「怒り」というかたちで表れるだけです。

つまり「私が怒っている」のではなく、「私のなかで、怒りという反応が起きている」と捉えることができます。

この意識の転換が、怒りに振りまわされないようになるためのコツです。怒りを自分自身と同一視せず、一時的な反応として受け流すことができれば、冷静さを取り戻しやすくなります。

ただの反応にすぎないと気づけば、その反応を少しずつコントロールする余地が生まれるのです。

ここで大切なのは「怒ってしまった……」と、自分を必要以上に責めてはいけないということです。

むしろ「ああ、いま自分のなかで怒りの反応が起きているんだなぁ」と、ただ認識することが重要です。

これだけで、次のステップに進むための心の準備が整います。

「怒り」は、あなたそのものではなく、一部ですらもなく、ただ吹き抜ける風のようなものにすぎません。

そのことを意識できるようになると、驚くほど心が軽くなり、余計な衝突やストレスを避けられるようになるでしょう。

ポイント ２
「怒り」は「自分」ではない

怒りと距離を置くために効果的なひと言

「怒り」という感情は、ときに非常に強いエネルギーを伴って私たちに迫ってきます。

「私は怒っている」と感じ、その感情がまるで自分のすべてを支配してしまうかのように思えて、冷静さを見失うこともあります。

だからこそ大切なのは、前項でもお伝えしたように「私」と「怒り」は本質的に別であるということを理解することです。

私たちが感じる怒りは、単なる感情の反応であって、私たちそのものではありません。

ポイントは、**意識的に言葉にしてみる**ことです。すると、感情を客観視することができます。

たとえば、「私は怒っている」と言うのではなく、「私はいま怒りを感じている」と表現するだけでも、感情との〝距離〟が少し生まれます。

怒りのエネルギーが非常に強いと、その感情に巻き込まれてしまう。これは自然なことであり、人間として普通の反応です。

その瞬間に**「これはいま、私が感**

じている一時的なエネルギーにすぎない」と気づければ、それが怒りをコントロールするための第一歩となります。

このようにして、自分自身と感情を分けて捉える意識を少しずつ養うことで、怒りに飲み込まれない自分をつくっていけるのです。

感情のエネルギーがどれほど強くても、練習を続けることで、少しずつその距離感を育てることができます。

大切なのは、焦らず、ゆっくりとその意識を持ち続けることです。

ポイント 3

怒りも一時的なエネルギーにすぎない

「あいつのせいだ！」……その前に

「あいつさえいなくなればいい」と感じるほどの強い怒りが湧き上がるとき、その怒りの原因は、単純にその相手の行動だけにとどまらないことが多いです。

過去のできごとや、抑圧してきた感情が一気に噴き出して、「あいつがすべて悪い！」という結論に至ってしまうことがあるのです。

たとえば、職場で繰り返し理不尽な扱いを受けたり、家庭での不理解が続いていたりするなかで、目の前で「ひどいことをされた」というできごとが起こると、それが引き金となり「もうこれ以上我慢できない！」という怒りに変わることがあります。

その感情がふくれ上がることで、「あいつさえいなくなれば、すべてが解決する」と思い込んでしまうこともあるのです。

しかし、実際には、その怒りの背後には長年積み重なってきた傷や、押し殺してきた感情が隠れていることが多いのです。

だからこそ、一度立ち止まり、その怒りに冷静に向き合うことが重要です。**「本当にその人だけが原因なのか？」**と自分に問いかけることで、異なる視点が見えてくるかもしれません。

また、その怒りを誰かに理解してもらいたい、共感してほしいという気持ちが湧くのも自然なことです。

自分がどれほどつらい思いをしているのか、不当な扱いを受けてきたのかを誰かに知ってもらいたいと感じるのは、人間としてあたりまえの反応です。

ただ、その思いにとらわれ続けると、ますます怒りが強くなり、解決策が見えにくくなってしまうこともあります。

怒りを感じたとき、その感情を相手にぶつける前に、まず自分の内側にある「本当の原因」を一瞬でもいいので見つめ直してみてください。

それは一度に解決できるものではないかもしれません。長い時間をかけて蓄積されてきた感情であることも多いでしょう。

でも、**まずは何より「距離を置いて、見つめること」**です。

その感情を少しずつ解きほぐしていくことで、いまの自分を解放するための一歩を踏み出せることもあるのです。

4
ポイント
「怒りの本当の原因」を探すクセをつける

「怒りメガネ」をかけると、まわりがどんどんひどく見えていく

「私、まだ怒っているんです」

心の奥底で、誰にも言わずに抱えているその怒り。

「あのときのことを許せない」「あのときの悲しさをまだ忘れられない」と、ふとした瞬間に感じることがあるかもしれません。


忘れてしまったら、そのできごとがなかったかのようになるのが怖い。

忘れることは、あのときの自分に負けたような気がする。

そんなふうに思ったことは、ありませんか？

「相手が謝るまで、絶対に許さない」
「相手が本当に反省しなければ、この怒りは終わらない」
そう強く心に決めることも、誰にでもあるでしょう。

そんなとき、**私たちはまるでスタンプカードに一枚一枚、怒りをため込んでいくかのように感じることがあります。**

たまっていく怒りが限界に達したとき、耐えきれなくなる瞬間が訪れる。これは、多くの人が経験することかもしれません。

「これだけ我慢したんだから、怒って当然！」と、思わず心のなかで叫んでしまうときもあるでしょう。

じつは、私たちは無意識に「いまこそ怒るときだ」と感じるタイミングを探しているることがあるのです。

普段は穏やかで優しい自分でも、「私をここまで怒らせるなんて。それほどのことをされたんだ」と、自分の怒りを正当化しようとすることがあります。

その結果、相手を「悪者」として捉え、無意識にそう扱ってしまうのです。

このようにして怒りをため込むと、まるで「怒りメガネ」をかけてすべてのものごとを見るように、相手の「悪い部分」ばかりに目が向くようになり、自然とその部分を引き出してしまうことさえあります。

そして気がつけば、あなたのその期待に応えるかのように、相手が本当にひどい人に見えてきてしまうのです。まるで、自分の怒りに合わせて事態がどんどん悪化していくかのように。

そうではなく、いい部分を見ましょう。

「素敵メガネ」をかけて毎日を過ごしましょう。

最初はムリヤリな感じがするはずです。

でも、慣れなくても「素敵メガネ」を徐々に意識していくと、思っていた以上に、私たちが最初から人の「悪いところ」と「素敵なところ」を無意識のうちに探しているということに気づくはずです。

さあ、今日からは「怒りメガネ」を捨てて、「素敵メガネ」でまわりを見渡しながら、ウキウキ過ごしていきましょう。

5
ポイント

「素敵メガネ」をかけて過ごす

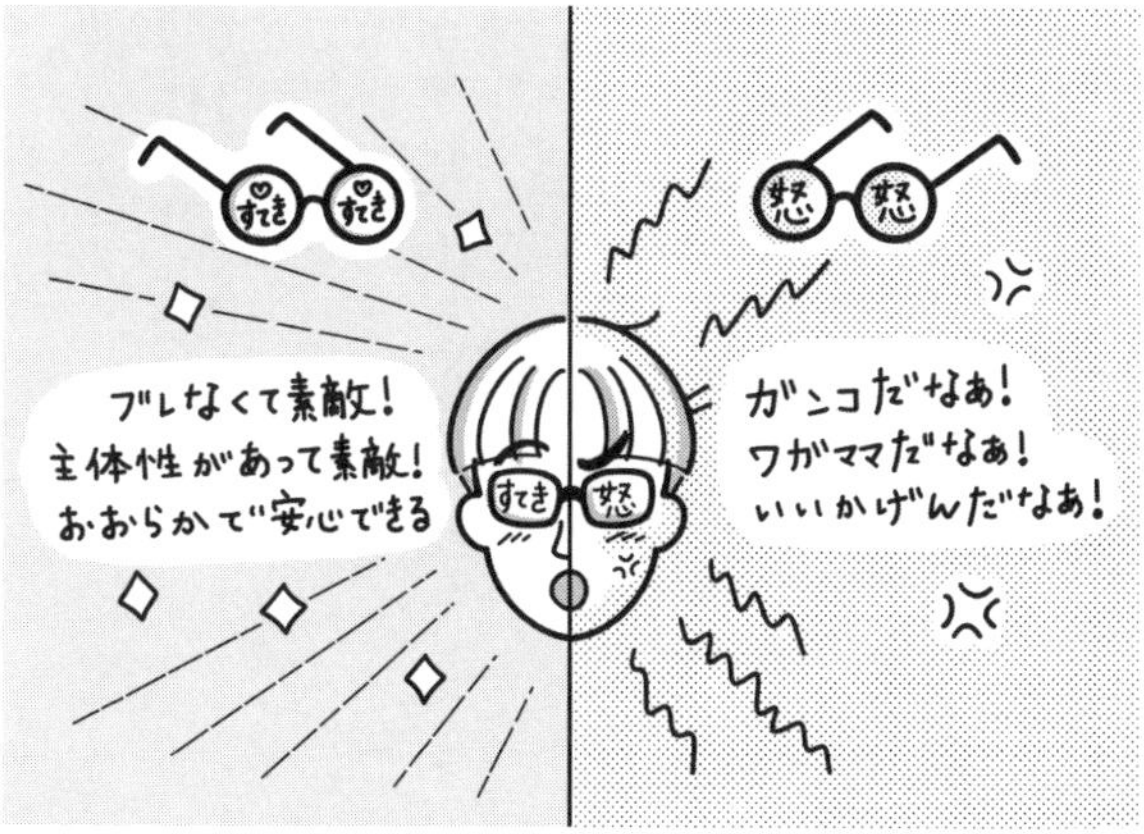

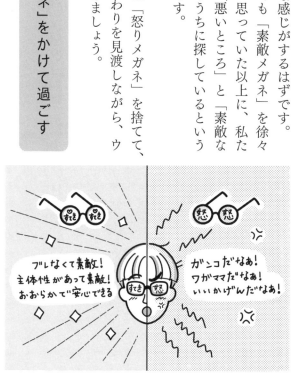

「怒ってはいけない」は、ただの思い込み

怒りに対する日本人特有の感覚、とくに「怒りを表に出してはいけない」という社会的な刷り込みについては、多くの人が無意識に影響を受けています。**怒ることが「みっともない」「大人げない」と見られ、感情を表に出すことが恥ずかしいとされる風潮は、私たちの行動や感情の表現を大きく制限している**のです。

街中で怒っている人を見かけたとき、「あんなふうにはなりたくない」と感じた経験がある人も多いでしょう。

駅員さんに理不尽に怒鳴り散らす人や、電車内で不機嫌を爆発させる人を見る

と、私たちはつい「恥ずかしい」「イヤなやつ」と思い、その感覚が無意識のうちに自分にも影響を与えます。

こうして、自分自身が怒りを感じたときにも「こんな感情を表に出してはいけない」とブレーキをかけてしまうのです。

しかし、この「怒りを表に出してはいけない」という考え方が、はたして私たちにとって本当にいい影響を与えているのでしょうか？

怒りを無理に抑え込むことによって、内面にストレスや不満が蓄積し、最終的にそれが爆発してしまうという経験をしたことがある人も多いはずです。

何度でも言います。怒りを感じること自体は、決して悪いことではありません。

むしろそれは、私たちが不公平や理不尽に直面したとき、自分の大切なものを守ろうとするための自然なサインです。

重要なのは、怒りという反応と「どのようにつき合い」「どう表現するか」ということです。

他人の怒りに対して「みっともない」と感じることは、あくまで、その人の怒り方やその場の状況に対する感想です。

感情そのものを否定するべきではありません。

怒りは、適切に扱うことで、自己主張や問題解決に向けた重要な手段となり得ます。

これを理解することで、怒りのエネルギーをポジティブな方向へ転換する力が得られるでしょう。

6
ポイント

怒りの感情を無理に否定しない

自分を、許そう

日常で、とくに子育て中の親が感じる「思い通りにいかない現実」と「理想」とのギャップは、多くの人が経験する悩みのひとつです。

たとえば、子どもがなかなか言うことを聞いてくれない場面や、自分の時間が思うように確保できないことから生じるフラストレーションは、単なる一時的なイラ立ちにとどまりません。**複数の感情が絡み合った結果であることが多い**です。

具体的には、子どもがなかなか服を着てくれない、すんなりと靴を履いてくれないといった一見小さなできごとでも、「自分の時間がどんどん削られていく」

という感覚が背後にあります。

また、自分は育児で手一杯なのに、パートナーが外で自由に過ごしているように感じられる場合、その比較から来る不公平感がさらに怒りを増幅させることもあります。

このような状況では、イライラやモヤモヤを単純に「気持ちの問題」と片づけるのは難しく、物理的な側面も無視できません。

複雑な要因が絡み合い、怒りの感情はいっそう深く、捉えどころのないものになっていくのです。

こういった状況に直面したとき、私たちはしばしば自分を責めてしまいます。

理想の姿と、現実の自分の間に大きな隔《へだ》たりを感じ、相手についい感情をぶつけてしまったことに対して強い罪悪感をおぼえるのです。

鏡の前の自分を慰めてあげよう
疲れてるし
無理もないよね…

そして、その罪悪感がさらなる自己否定へとつながり、悪循環に陥ってしまいます。

このような状況で大切なのは、まず自分がどれほど疲れているのか、どれほどストレスを感じているのかに気づくことです。

「ああ、いまは疲れているんだな、無理もないよね」「がんばっているね」と自分の状態を受け入れて、労《いた》わることが、怒りに振りまわされないために大切な考え方となります。

誰かに労ってもらうことがなければ、私たちは自分自身をどんどん追い込んでしまいがちです。

そうならないためにも、**まずは自分を少しでも肯定し、許すことが必要**です。たとえ怒りが抑えられず、相手に感情をぶつけてしまったとしても、それはひとりの人間としての失敗ではありません。

その瞬間は自分を責めたとしても、あとから振り返って、「大変だったんだね」と認めることが、次への一歩になります。

一度にすべての感情を制御するのは難しいかもしれませんが、一つひとつの感情や状況を丁寧に見つめ直し、少しずつ理解を深めていくことで、心の平穏を徐々に取り戻すことができるはずです。

7 ポイント

怒ってしまった自分を責めない

「怒り」をムリヤリ抑え込むと、「喜び」も逃げていく

感情というものは、**怒りも喜びも含めて、すべて「エネルギー」**として私たちのなかに存在しています。

もともとエネルギー自体に善《よ》し悪《あ》しはなく、**私たちが頭のなかで「これは怒り」「これは悲しみ」とラベルを貼って分類しているにすぎません。**

このエネルギーのうち、「怒り」だけを抑えつけるという考え方が、そもそも不自然というか、ほぼ不可能なことです。

では、怒りの感情だけを無理に抑え込もうとすると、どうなるのでしょうか。

驚くべきことに、**それに連動して、心からの「喜び」や「感動」も同時に抑え込んでしまう**ことがあるのです。

「怒りを感じたくない」と強く思って、怒りの感情をムリヤリ制御しすぎると、自然と喜びも感じにくくなってしまうわけです。

感情はひとつながりのものであり、特定の感情を無視し続けると、感情全体のバランスが崩れてしまいやすくなるということを、覚えておいてください。

8
ポイント
怒りを抑え込むと、連動してほかの感情も抑え込まれてしまう

「怒り」だけを抑え込もうとすると…
えいっ!
喜
怒
楽
ほかの感情も感じにくい人に
なってしまう…!
喜
怒
楽

第２章

感情に
振りまわされないための
考え方

怒りが表に出るということは、癒される準備ができているということ

第1章でもお伝えした通り、多くの人は、怒りを「悪い感情」として押し殺そうとします。

しかし、その結果、自分の本当の気持ちに気づけなくなることがよくあります。怒りを無理に抑えることで、それはただ心に蓄積され、いつか爆発してしまう危険性があるのです。

そこでひとつ、驚きの視点をプレゼントします。

そもそも怒りが表に出てくるということ自体が、じつは、自分が安心している証拠でもあるという点です。

人は、緊張が高まった状態では、固くなって感情が閉ざされていきます。**安心感があるからこそ、私たちは無意識のうちに「感情を表に出せる」のです。**これは、心に蓄積されていたエネルギーが解放されるプロセスであり、怒りそのものが必ずしも悪いものではないということに気づける視点でもあります。

私たちは、安心感をおぼえていると、幼いころから蓄積してきた感情やストレスが少しずつ解放されていきます。その過程で怒りが表に出ることもありますが、これはむしろ「癒し」の一部なのです。感情を解き放つことで、心の重荷が軽くなり、心地よい状態へと向かっていくのです。

もし、いまあなたが「なぜこんなに怒りが湧いてくるのだろう？」と思っているなら、それは心が癒される準備をしている兆《きざ》しかもしれません。

怒りを「敵」として抑え込むのではなく、「自分が安心しているからこそ、こ

の感情が表に出てきたんだ」と受け入れてみてください。

そうすることで、その怒りがどこから来ているのか、自分自身を観察しながら向き合うことができるでしょう。そして、スッと心が軽くなることに気づくはずです。


怒りを解放することで訪れるのは、真の安らぎです。

怒りを感じながらも、それを適切に受け止め、コントロールできるようになると、心は次第に安定していきます。これは怒りを手放し、より安定した状態を築くために大切なことなのです。

9 ポイント

怒りは、真の安らぎへの扉でもある

自分の感情を解放する練習

自分の感情に向き合い、それを解放するまでのプロセスは、普段の生活のなかでは意識しにくいかもしれません。

だからこそ、少しずつ慣れていきましょう。

たとえば、**リラックスできる空間（お風呂や布団のなかなど）で、あえて自分のなかのイライラやモヤモヤに目を向けてみる時間をつくってください。**

最初はぼんやりとしていた感情も、少しずつくっきり浮かび上がってくるのを感じるでしょう。

私も最初は戸惑いましたが、近所迷惑にならないように、**お風呂のなかでタオルを口に当て、声にして出してみることを始めました。「うわぁぁぁぁ!」と声を上げることで、自分でも驚くほど多くの感情があふれ出してきたのです。**

このような練習を続けると、徐々に自分の内面にたまっていた怒りや、抑圧されている感情にアクセスできるようになります。

私たちは日常生活のなかで、怒りの感情を抱くこと自体を無意識に抑え込んでしまいます。そのため、感情を表現するための「回路」がまだ十分につくられていない場合もあるのです。

ですが、一度その回路を開くことができれば、驚くほど自然に怒りを客観視でき、適切に表現できるようになります。

感情を解放する練習を重ねることで、徐々にその感覚が身につき、心に蓄積された怒りを手放せるようになるでしょう。無理に抑え込まず、適切に解放していくことで、心が軽くなっていくはずです。

10
ポイント
タオルを口に当てて、思いっきり叫んでみる

感情を素直に感じることができると、世界が美しくなる

このように感情を解放することに慣れてくると、自分の内側に長い間抱えていた重いものが、少しずつ抜け落ちていくような解放感が得られます。

その行為自体が意外と心地よいことに気づくかもしれません。

なぜなら、**感情を抑え込むことをやめて、素直に感じることで、心のなかにたまったストレスや疲労が和《やわ》らいでいく**からです。

少なくとも、感情を自分ひとりの空間で思いきり表現することに対して、次第に抵抗感が薄れていくでしょう。

前項でご紹介した「うわぁぁぁぁ！」と叫ぶような瞬間も、少しずつ自然にできるようになっていきます。

そして、抑えていた感情が解放されると、心がまるで風船のように軽くなり、空っぽになっていく感覚に包まれます。自分のなかに滞っていたエネルギーが流れ出し、その結果、少しずつ元気を取り戻していくのです。

じつは、**私たちは怒りや感情を抑え込むために、無意識のうちに多くのエネルギーを使っていることが少なくありません。**

そのエネルギーの消耗が心と身体に負担をかけ、感受性を鈍らせてしまうことがあるのです。

しかし、怒りの解放に意識的に取り組み続けることで、その鈍った感受性がよみがえり始めます。まるで赤ちゃんや子どものように、素直に感じる力が少しずつ戻ってくるのです。

こうして感受性が復活してくると、普段は気づかなかったような小さな喜びや

感動に気づけるようになります。何気ない日常にある美しさや、この世界の素晴らしさが、これまで以上に鮮明に感じられるでしょう。
「この世界って、こんなに素敵だったんだ」と、まるで新しい視点で世界を見るような感覚を味わうことができます。

抑えていた怒りや感情をひとつずつ解放していくことで、私たちの心は徐々に自由になっていきます。その自由さが、日々のなかでより多くの感動や喜びを見つける力を育ててくれます。
感情を無理に抑え込むのではなく、素直に感じ、そして手放していく。その繰り返しが、私たちを少しずつ、しかし確実に成長させていくのです。

11
ポイント
感情を解放する↓喜びを感じる力が戻る↓世界が素敵になる

感情を解放する練習を繰り返すと…

喜びを感じる力が戻り
世界が美しくなる

「自分を責める夜」に終止符を打つ

多くの人が、理想と現実のギャップに苦しんでいます。
夜中にふと目が覚めたとき、「あの理想には届かない」と感じてしまう瞬間もあるかもしれません。
もっと働かなければ、もっとお金を稼がなければ、もっと人に好かれなければと、ついつい自分に無理をさせてしまうのです。

期待通りにいかない現実に直面して「なぜできないんだろう」と自分を責める夜が続いてしまう。

そんな思いを抱えている人も多いのではないでしょうか。

そのフラストレーションが蓄積されると、自分を責めるようになり、ある日「怒り」として表面化することになります。その怒りは、他人に対しても厳しい目を向けることになるのです。

「もっとこうあるべきだ」「これくらいできないと」という自分に厳しいモノサシで測り続けている限り、「どんなに努力しても満たされることがない」と感じるのは自然なことです。

このモノサシが自分を縛る枷《かせ》となり、常に「もっと」と評価を求めるサイクルに陥るのです。

もし、その「評価」というモノサシを手放せたならどうでしょうか。

自分自身を評価することなく、ただ、いまの自分をそのまま見つめることができたとしたら、心にどんな変化が訪れるのでしょう。

でも、こう言うと多くの人が「わかっているけど、それが難しいんだよ」と思うはずです。

そんなときは、こう考えてみてください。

たとえば「自分が楽しいかどうか」「嬉しいと感じているかどうか」、ただその瞬間の感情に焦点を当ててみるのです。

自分が何者であるか定義しようとせず、評価も下そうとせず、ただその瞬間に感じている感情に向き合うこと。

それができたとき、自分に対しての厳しい目線が少しずつ和らいでいくのを感じられるでしょう。

自分を評価するのではなく、感じることだけに目を向ける。

それは、自分自身をもっと自由にするための鍵なのです。

自分に向けている厳しい目を許すことは、心をラクにすることにつながります。
自分が何者であるかよりも、いま、ここで何を感じているのかを大切にする。
それこそが、本当の解放と安らぎへ近づくための道です。

12
ポイント

「評価」というモノサシを、いったん置いてみる

赤ちゃんは、感情をいつまでも引きずることはない

「許せない」という感情に心がとらわれること、ありますよね。
でも、少し立ち止まって考えてみてください。
本当にその相手に対してそこまでの怒りや許せない気持ちを抱いているのか、冷静に自分に問いかけたことはありますか？

意外に思うかもしれませんが、多くの場合、その答えは「ノー」です。

私たちは、実際の感情よりも過剰なストーリーを自ら紡《つむ》いでしまっていることが多いのです。

赤ちゃんのことを思い浮かべてみてください。赤ちゃんは感情を引きずることができません。

泣いていると思ったら、すぐに笑顔になるなど、**感情は瞬間瞬間に生まれては消えていくもの**だということがわかります。

赤ちゃんの感情は移り変わりやすいのに対し、**私たち大人の「許せない」という感情は、しばしば長く引きずられ、深いストーリーに包まれてしまう**のです。

私の娘が小さかったころ、こんな実験をし

怒りを引きずって
ずっといじける
赤ちゃんは存在しない

たことがあります。

彼女が怒り出したときに、わざと「うわぁぁぁ」と大げさに反応してみました。すると、驚いたことに彼女はすぐに笑い出し、その怒りを忘れてしまったのです。

この経験からわかったのは、怒りそのものは瞬間的に湧いてくるものであり、その瞬間の感情は、ストーリーと深く結びついているわけではないということです。

それにもかかわらず、私たち大人は、その瞬間的な感情に対して無意識のうちに長いストーリーをつくり上げてしまい、結果として、感情が持続してしまうのです。

「許せない」と感じる反応は一瞬であり、その反応に対して余計な意味づけをしているのは、ほかならぬ自分自身です。

こうして私たちは、自分の心を自分で苦しめてしまっていることに気づかずにいます。

感情が湧き上がる瞬間にその存在に気づき、背後にある無意識のストーリーを取り払ってみると、心は驚くほど軽くなるのです。

13
ポイント

一瞬の感情に、余計な意味づけをしない

主人公ではなく、映画監督として「ストーリー」を見る

人間関係で悩んだとき、相手の行動や感情をどう理解すればいいか迷うことがありますよね。

「あの人はなぜこんなに怒っているのだろう」「どうしてこんな行動をするのだろう」と思った経験は、きっと誰にでもあるはずです。

そんなとき、もし自分の視点を少し変えて見ることができたら、状況が少しずつ変わってくるでしょう。

最初に試してほしいのは、「相手のことを、少し距離を置いて観察する」というアプローチです。

具体的には、相手がどのような状況にいるのかを冷静に見つめ、まるでストーリーを読むかのように捉えてみること。

たとえば、**誰かが感情的になっている場面で、その人の行動や言葉を「この人はいま、『被害者物語』の主人公なんだな」「『怒りの英雄物語』のなかにいるんだな」といったように、状況にタイトルをつけることが役立ちます。**

こうすることで、その人がどのようなストーリーのなかにいるのかが、少しずつ見えてくるでしょう。

このような視点を持つと、相手の感情に巻き込まれずに、少し距離を置いて観察できるようになります。

そして、何度もこの練習を続けているうちに、不思議なことに、自分自身も同じようにストーリーに入り込んでいる瞬間に気づくことが増えてきます。

「あれ、もしかして、いまの自分もストーリーのなかにいるのかもしれない」と、自分の感情や反応を客観的に見つめられるようになるのです。

この方法の利点は、他人の行動をストーリーの一部として観察する練習を積み重ねるうちに、自然と自分の感情パターンにも気づけるようになることです。

たとえば、自分がイライラしているときに、

「あ、自分はいま『被害者と加害者』のストーリーにどっぷり浸かっているな」

と思うことができれば、その感情に巻き込まれずに、距離を置いて対処できるようになります。

この考え方を習慣化することで、自分自身の感情の波に対して客観性を保つこ

とができるようになるのです。

まずは、周囲の人々がどんなストーリーのなかにいるのかを、映画監督のように観察するところから始めてみましょう。

そして、そこで得た気づきが、怒りや不安に振りまわされることなく生きるための道となるでしょう。

14
ポイント
怒りは、映画のようなものである

第3章

どうしてもイライラが止まらないときの16の処方箋

処方箋 1

その場を離れる

ここまで「怒り」の構造を書いてきましたが、そうは言っても、いま目の前のイライラがどうしても収まらないときもあると思います。

この章では、そんなときのために**応急処置のように怒りを一時的に収める方法を、いくつかご紹介します。**

突然、怒りが込み上げ、自分でも驚くような言葉を思わず口にしてしまった経験はありませんか?

その瞬間、頭が真っ白になり、冷静さを失って、あとから「あんなことを言わなければよかった」と悔いてしまう——。そうしたことは、誰にでも起こりうるものです。

こうした「一瞬の感情の爆発」が、ときに人間関係に悪影響を及ぼすことがあります。

どうしても我慢できないときに、ぜひ試してみてほしいのが「その場を離れる」というシンプルな行動です。

感情がピークに達する前に、意識的にその場を離れてみるだけで、冷静さを取り戻せます。

たとえば部屋から出て少し歩いたり、外に出て新鮮な空気を吸いながら深呼吸するのも効果的です。それだけでも、自然と心はリセットされるのです。

この行動を習慣化していくことで、怒りに支配される瞬間が減り、冷静に考えられるようになっていきます。

結果的に、衝動的な発言を減らし、後悔することも少なくなるでしょう。

さらに、物理的に距離を置くことで、問題をより客観的に捉えられるようになり、淡々と対応できる自分を育むことができるでしょう。

次に怒りを感じたとき、まずは「その場を離れる」ことを意識してみてください。それだけで、状況が大きく変わる可能性があります。

15
ポイント

物理的に距離を取る

処方箋
2

身体を動かす

怒りが込み上げてきて、身体がガチガチに固まる——。そんな経験、誰しも一度はありますよね。

心が緊張していると、それに連動して身体も固まってしまうのは自然な反応です。

その結果、肩こりや頭痛が表れたり、全身のだるさに悩まされたりと、日常生活にまで影響が出てしまいます。

怒りが続くことで、心と身体の両方に負担がかかり、さらに疲れやすくなるという悪循環に陥ってしまうのです。

そんなときこそ、身体を動かして緊張を解きほぐすことが重要です。

軽い運動やストレッチを取り入れてみるのは効果的ですし、もし時間が取れるなら、整体やマッサージを受けるなど、プロの手に委《ゆだ》ねるのもいいでしょう。

これらの方法は、怒りというエネルギーを健全に発散し、心身をリセットするための手軽な手段と言えます。

身体を動かす習慣を日常に取り入れることで、心身の緊張が和らぎ、気分がリフレッシュされていくでしょう。運動やケアによって血行がよくなれば、心も自然と軽くなっていきます。

日々のストレス耐性が高まり、しなやかな心が育まれていくのです。

16 ポイント

軽い運動をしたり、マッサージを受けてみる

処方箋
3

部屋の片づけをする

イライラしているときにふと周囲を見渡してみると、部屋が散らかっていて、さらに気持ちが沈んだという経験はありませんか？

じつは、**散らかった環境は心の混乱やストレスを増幅させる**ことがあります。

まるで、自分の心の状態がそのまま身のまわりに反映されているように感じるかもしれません。

物理的な乱れは、心の不安定さをより強く意識させる要因にもなり得ます。

そんなときこそ、部屋の片づけを試してみてください。

空間を整えることは、心の整理にもつながります。

まずは身近な場所から取りかかります。机の上を片づける、本棚を整えるなど、小さなことから始めてみましょう。

散らかったものが片づいていくことで、心のなかにも秩序が生まれ、気持ちが落ち着いていくのを感じるはずです。

周囲が整ってくると、頭もスッキリとクリアになっていきます。物理的な整理が内面的な安定をもたらし、怒りやストレスを和らげる効果があります。

そして、片づけが完了すると、その達成感が次第に前向きな気持ちへとつながり、いい気分を取り戻す助けとなります。

身のまわりを少し整えるだけで、穏やかな気持ちで次の行動に移ることができるでしょう。

17
ポイント

部屋が整うと、心も整う

処方箋
4

ゆっくりとお茶やコーヒーを飲む

毎日のタスクに追われ、気持ちが焦り、イライラを感じる時間が増えてしまうこともあるでしょう。

心が常に急かされているような状態では、ものごとに冷静に対処するのが難しくなりますよね。


そんなときこそ、**ひと息ついて、ゆっくりとお茶やコーヒーを飲んでみる**ことをおすすめします。

カップを手に取って、香りや温かさを感じながら、一口一口を味わってみてください。少しだけ時間がゆっくりと流れる贅沢を意識的に楽しむことで、心がほぐれていくのを感じるはずです。

また、**コーヒーやお茶を淹《い》れるといった単純な作業自体が、脳のワーキングメモリを解放するためのリセット時間をつくれる**とも言われています。

さらに、**コーヒーや緑茶には、その香りだけでもストレス緩和に効果的**であるというエビデンスもあります。

ただ1杯のお茶やコーヒーをゆっくり飲むだけでも、身体が温まり、気持ちがリラックスしていきます。

短い時間でも、このように意識して心を休めることで、日常生活での怒りや不安をやわらげる効果が得られるでしょう。
リフレッシュしたあとは、心が落ち着き、ものごとに冷静に取り組める余裕が戻ってくるはずです。

18
ポイント

お茶やコーヒーは、感情コントロールの仲間

処方箋
5

「その日に生み出したもの」を振り返る

イラ立ちが一度心に湧いてしまうと、その感情が一日中頭にこびりついてしまい、ほかのことに集中するのが難しくなることはないでしょうか。

これが続くと、日々の生活のなかで自分が何を成し遂げ、何に価値を見出しているのかがわからなくなり、自己評価が低下してしまうこともあります。

そんなときこそ、「今日、自分はどんな成果を上げたか」に目を向ける習慣をつくってみてください。

一日の終わりや、少し気持ちを落ち着けたいときなどに、自分がその日に取り組んだことや達成したことを振り返るのです。

これは、どんなに些細《ささい》なことでも構いません。

- **重要なメールに返信した**
- **デスクを整理した**
- **同僚をサポートした**

など、ささやかな成果をリストにしてみてください。

この習慣を続けていくと、日々のなかで見落としていたポジティブな要素が少しずつ浮かび上がってきます。

そして、自分が着実に積み重ねてきた努力や成長を実感できるようになります。

これによって自己肯定感が高まり、他人や外部の評価に振りまわされることなく、自分のペースで進んでいる自信と安心感を持てるようになるでしょう。

こうして日々の小さな成果に意識を向ける習慣は、やがて怒りやストレスが込み上げてきたときにも、冷静な視点を取り戻す手助けとなります。

自分の成長や達成にフォーカスすることで、前向きな視点を持って日々の課題やできごとに取り組む力を自然と養っていくことができるのです。

19

ポイント

「今日の成果リスト」をつくる

ワーク

今日の成果を書き込もう

（例）大事なメールを返信した

処方箋 6

紙に書き出す

問題が複雑に絡み合い、思考が整理できずに感情が先走ってしまうことがよくあります。

解決したいと思っていても、どこから手をつけるべきかわからず、ただ悶々《もんもん》とした気持ちだけがふくれ上がっていく……。

多くの人が、こうした「行き場のないモヤモヤ」に心を悩ませることがあるのではないでしょうか。

こうしたとき、シンプルでありながら効果的な方法があります。頭のなかにあふれた感情や考えを、紙に書き出してみるのです。

文字にして紙の上に並べることで、感情や思考が視覚的に捉えられるようになり、不思議と少しずつ整理されていくのが実感できるでしょう。

書き出す方法は自由で、箇条書きにしても、感情をそのまま書き連ねても構いません。重要なのは、頭のなかで渦巻いている思いを具体的なかたちにして外に出すことです。

「○○さんに言われたあのひと言が、いまだに引っかかっている」
「駅で人にぶつかられたのに、謝罪のひと言もなかった」

など自由に書いてみましょう。

「どうしてこんな気持ちになっているんだろう？」「なぜこんなことに引っかかっているんだろう？」といった疑問が浮かんでも、遠慮せず、そのまま書き出してみます。

書き出した言葉を目で見ると、心のなかにたまっていた感情が少し外に解き放たれた感覚が生まれます。

視覚的に整理された情報を前にすると、不思議と心が落ちつき、冷静に状況を見つめられるようになるのです。

その結果、思考の混乱が収まり、次に進むためのステップを考える余裕が生まれてきます。

20
ポイント
書き出すことで、思考のごちゃごちゃが整理される

処方箋 7

「私はいま、怒りを感じている」と声に出す

怒りが込み上げてきたとき、何も手につかなくなるような経験は誰にでもあるでしょう。気づかぬうちに感情がふくらみ、何に対して怒っているのかさえ曖昧になってしまうこともあります。

そうなると、もはや自分でもコントロールできず、後悔するような行動や言葉が出てしまうことも少なくありません。

そんなとき、まずは現在の自分の状態を、自分自身に認識させることから始めてみてください。

「私はいま、怒りを感じている」と、あえて言葉にしてみるのです。

口に出して言葉にすることで、心のなかで漠然としていた怒りが明確になり、それを外から眺めることができるようになります。

これで、第1章でもご紹介した通り、**怒りは「自分そのもの」ではなく、「自分が一時的に感じている反応」として捉えられる**ようになり、怒りから少し距離を置くことができるのです。

このように**感情を言葉にして客観的に認識することは、荒れた海で波が立っているのを静かに眺めるようなもの**です。波そのものが海ではないのと同じように、自分自身が怒りそのものではないと気づくことができます。

そして、この一歩を踏み出すことで、怒りがコントロール可能なものへと変わり始めるのです。

さらに、怒りに「名前」をつけるのも効果的です。

「怒りちゃん」「おこりんぼ君」というように感情に名前をつけ、「怒りちゃんが何か言っているなぁ」などと言葉にすることで、怒りに流されずに理性的な判断ができる余地が生まれます。

自分の感情を明確に把握できると、他人にもその感情を伝えやすくなります。

「何に対して怒っているのか」「どの程度の怒りなのか」がわかることで、理解を深める対話のきっかけにもなるのです。

21
ポイント

怒りに名前をつけてみる

処方箋
8

「怒りスケール」で、数値化する

怒りの思いがどれほど強いのか自分でもわからないまま、感情がエスカレートしてしまい、制御できなくなることがあります。

その結果、衝動的な言葉や行動を取ってしまい、あとで「あのとき、冷静でいられたら……」と悔やむこともしばしば。

そんなときは、怒りを「数値化」してみるのが効果的です。

怒りの感情を0から10のスケールで表し、たとえば「いまの怒りは7くらいかな」と自己評価してみるのです。

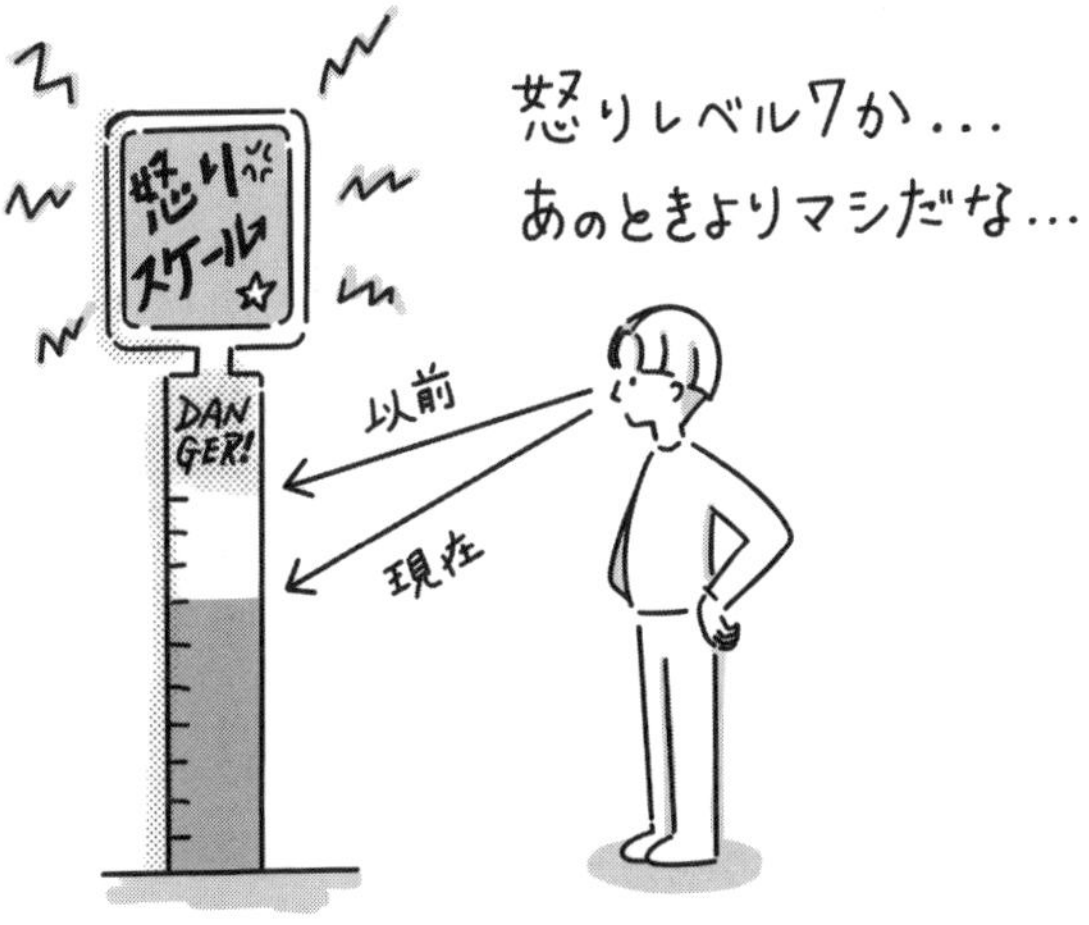

このように自分の感情をまず冷静に見つめることが、怒りをコントロールするための大切なステップになります。

そして、次に**「この怒りを7から5に下げるためにはどうすればいいだろうか？」と自問してみましょう。**

そうすることで、少しずつ具体的な行動が浮かび上がり、解決策を見出す助けになります。

「スケールで評価するなんて、本当に効果があるの？」と感じるかもしれません。

しかし、こうして**「怒りを客観的に捉える練習」**を続けることで、感情を扱う力が少しずつ培われていくのです。

怒りが湧き上がったときに**瞬時に「怒りレベル」を確認し、そのレベルを下げるための方法を考える習慣が身についてくると、不思議と感情に振りまわされることが少なくなっていく**でしょう。

客観的に数値化し、段階的に減らしていくことで、理性的に対処する力が強まります。それが、感情をうまくコントロールし、冷静さを保つための確かな道となるのです。

22
ポイント
怒りレベルを数字で可視化する

処方箋
9

「感謝リスト」をつくる

イライラが積み重なると、だんだんポジティブな面に目を向ける余裕がなくなり、些細なことにも感謝できなくなってしまいます。私たちは気づかぬうちにネガティブな感情に飲み込まれてしまうのです。

こうした負のスパイラルに陥らないためには、この習慣が役立ちます。

それが「感謝リスト」をつくることです。

毎日、「感謝できること」を3つ書き出してみてください。

どんなに小さなことでも構いません。この習慣が、次第にあなたの内面に変化をもたらしてくれるでしょう。

最初のうちは「感謝することなんて見つからない」と感じるかもしれませんが、続けていくことで少しずつ意識が変わっていきます。

たとえば、**朝の澄んだ空気や、友人からの何気ないメッセージ、温かい食事**など。そうした日常の小さなことにも感謝が向けられるようになると、自然とネガティブな気持ちにとらわれにくくなります。

感謝の習慣が根づいてくると、何気ない瞬間にもポジティブな視点を持てるようになります。この感覚が、怒りやストレスをため込みにくくし、心を穏やかに保つ手助けとなるのです。

感謝リストを続けることで、日々の生活に心の余裕が生まれ、バランスの取れた感情のコントロールが可能になっていくのです。

ポイント 23

日常に感謝を見つける

ワーク

「感謝リスト」を書こう

（例）友人が嬉しいメッセージをくれた

処方箋
10

親しい人と感情を共有する

怒りを感じたとき、つい「この気持ちは自分で処理しなければ」と思い込み、心に抱え込んでしまいがちです。

感情が強くなるほど誰かに話すのが難しく感じられ、ひとりでなんとかしようとすることも多くなってしまうものです。

ですが、心のなかに感情を押し込めるほど、それはどんどんふくらみ、さらに自分を苦しめる原因にもなりかねません。

そんなときこそ、信頼できる人に思い切って自分の気持ちを話してみるのが有効です。

気持ちを言葉にして誰かに向けて出すことで、モヤモヤしていた心の状態が少しずつ整理され、明らかになってきます。

話を聞いてもらえるだけでも心が軽くなるのを感じるかもしれませんし、相手が共感やアドバイスをくれることで「こんなに思い詰めなくてもよかったんだ」と気づけることもあります。

ひとりで抱えていたときとは違い、客観的に自分の気持ちを見つめ直す余裕が生まれるのです。

さらに、感情を共有することで「自分はひとりじゃない」という安心感が得られ、孤立感も和らいでいきます。

信頼できる人と感情を分かち合うなかで、思いもよらなかった新たな視点や解決策が見えてくることもあるでしょう。

ときには、ただ話を聞いてもらうだけで「これでいいんだ」と思え、癒されることもあります。

こうした気持ちの共有は、強い感情に押し流されることなく、自分の心と向き合うための大切な手段です。

周囲の人と気持ちを分かち合い、心を軽くすることで、少しずつ冷静さを取り戻し、より自然に自分の感情を受け止められるようになっていくでしょう。

24

ポイント

誰かに聞いてもらう

処方箋
11

感情を外に出す時間を設ける

忙しい毎日を過ごすなかで、無意識のうちに感情を抑え込んでしまうことはよくあります。こうした抑え込まれた感情は、疲れやストレスとしてたまり、気づいたときには大きな重荷となっていることも少なくありません。

そのため、感情を健やかに保つためには、**意識的に「外に出す時間」をつくる**ことが重要です。

外に出すというと「言葉にする」ということをイメージすると思いますが、必ずしも具体的な言葉にする必要はありません。

「あー」や「うー」など短い音声でも、感情を外に出す手段となります。

第2章でご紹介した、お風呂でタオルを口に当てながら声を出すのも、これと同じです。


私たちは、赤ちゃんのころ、感情をこのように言葉にしていませんでした。

感情を言葉に翻訳する作業も、ときにはストレスになるのです。

だから、**ストレスを呼吸とともに吐き出すイメージで、感じていることをそのまま声として出す**ことがコツです。

心の奥にたまっていた感情が少しずつ解放され、心のなかに新しいスペースが生まれます。


さらに効果を高めるためには、声を出すときに身体のどこが反応しているかに意識を向けてみるのもよい方法です。

胸やお腹や肩など、どこかが緊張しているのに気づいたら、その部分に注意を向けつつ声を出すことで、感情の解放がさらにスムーズになります。

身体と心のつながりを意識することで、自然に感情が外に出やすくなるのです。

こうして感情を外に出すと、たまっていたストレスが軽減され、心身がリラックスしていくのを感じられるでしょう。

この習慣が身についていくと、ストレスに対する耐性が徐々に高まり、安定した自分でいられる時間も増えていくのです。

25
ポイント

呼吸と一緒に、ストレスも吐き出すイメージで声を出す

処方箋

12

瞑想や休息をする

忙しくものごとが重なっているときは、内心の騒がしさに圧倒されがちで、自分の気持ちをうまく整える方法を見失ってしまうものです。

こうした状況で、手軽に心を静める方法があるとしたら試してみたくなりますよね。

そんなときに役立つのが、**わずか1分間でできる「呼吸に意識を向ける瞑想」**です。

やり方はとても簡単です。

目を閉じて、空気をゆっくりと鼻から吸って、口から吐く。その呼吸に意識を

集中させるだけで、騒がしい思考から距離を置けるようになります。

これだけで、内側から落ち着きが戻ってくるのを感じられるでしょう。

もし「瞑想のための時間が取れない」と思うなら、普段の生活のなかで、自然とリラックスできる瞬間に、同じ動作を取り入れてみるのもいいでしょう。

たとえば、**お風呂でぼんやりと湯に浸かっているときや、布団のなかで眠りにつく直前の時間など、こうした何気ないひとときに深呼吸をしながら心をゆるめることで、穏やかな気持ちが生まれます。**

短い時間でも瞑想やリラックス状態を取り入れる習慣が身につくと、心が徐々に整っていくのを実感できるでしょう。

リラックスすることが習慣になると、集中力や洞察力も高まり、毎日のできごとに対してより冷静に向き合えるようになるはずです。

26
ポイント

リラックスのための時間を取る

処方箋 13
別の見方で捉える

怒りを感じるできごとに直面すると、ものごとをどうしてもネガティブに捉えがちになります。

最初に受けた強い印象が心を支配し、気がつけば、どんどん悪い方向へと考えが傾いてしまう――。そんな経験は誰にでもあるのではないでしょうか。

こういったときにこそ、「別の角度からものごとを捉える力」が役に立ちます。

たとえば、怒りやストレスを感じるできごとが起こったときに、「これはもしかしたら、自分を成長させるチャンスかもしれない」と考えてみるとどうでしょうか？

それだけで、怒りの感情が和らぎ、心が少しずつ落ち着いてくるのを感じられるかもしれません。

最初の印象だけに固執せず、ほかの可能性や見方に目を向けることで視界が広がり、いまある状況をより冷静に受け止められるようになるのです。

この「別の見方で捉える」習慣は、日常生活でも大きな力を発揮します。

ネガティブな感情が和らぐだけでなく、心に柔軟性が生まれ、さまざまな角度からものごとを見つめることで、新たな価値を生み出す力が培われます。

柔軟な心を持てるようになると、怒りやストレスを感じる場面でも適切に対応でき、むしろ自己成長の機会として前向きに捉えられるようになるでしょう。

27 ポイント

ものごとを別の角度から見る

「別の角度」で捉えると、イライラがすっとおさまる

処方箋
14

未来を想像する

怒りに突き動かされると、どうしても心がざわつき、自分の考えや目指すべき方向が見えなくなってしまうことがあります。

目の前の状況に飲み込まれてしまい、冷静さを失ってしまうことも少なくないのではないでしょうか。

そんなときは、まず心を落ち着け、静寂《せいじゃく》のなかで**「いま、この怒りに従って行動することで、未来の自分にとってどんな影響があるのか?」と自問してみる**のがおすすめです。

この問いかけを通じて、怒りに任せるのではなく冷静な判断ができ、未来にとって本当に望ましい行動が選べるようになります。

この習慣を積み重ねることで、どんな感情の波が訪れても、心の奥にある静けさに戻ることができ、流されずに自分にとって有益な選択ができる力が育まれていきます。

心の静けさにアクセスすることで、衝動的な行動を避け、未来に向けて長期的な視点でものごとを見ることができるようになるのです。

感情に左右されず、一歩一歩進んでいく力こそが、未来に向けた前向きな選択につながります。こうして心のバランスを保ちながら、自然と成長や進歩に向けた行動が取れるようになっていくでしょう。

28
ポイント
未来をイメージすると、怒っている場合じゃなくなる

処方箋
15

宇宙や自然とつながる感覚を持つ

日常の忙しさやトラブルに追われていると、ふと「自分だけが孤立しているのではないか」と感じることがあります。

そんなとき、私たちはつい「守られている感覚」を見失い、知らぬ間に疲れやストレスが心のなかにたまってしまいます。

この心の疲れは静かに蓄積し、少しずつ私たちを圧迫していきます。

こうしたときこそ、**ほんの少しだけ立ち止まり、目の前の日常から視線をそらしてみましょう。**

空を見上げ、星や広がる青空に目を向けるだけで、ふと「自分もまた、この大きな存在の一部なんだ」と思い出せるかもしれません。

身近な公園や自然のなかに足を運び、草や木のそばにいるだけでも、心がリセットされるのを感じるでしょう。

自然に触れることで、私たちは無意識のうちに心の緊張を解きほぐし、ストレスを軽減させることができるのです。

ゆっくりと心を静めて目を閉じ、意識を自分の外へと広げてみましょう。

自分を超えた大きな存在とのつながりを感じることで、心に穏やかな安心感が生まれ、「私はひとりではない」という安らぎが、心の奥底から湧き上がってくるでしょう。

こうして心に広がりが生まれると、日常の小さな問題に対しても、余裕をもって向き合えるようになります。

心に余裕ができることで、些細なことにとらわれなくなり、自然と心のバランスが整っていくのです。

どんなに忙しくても、**心を開き、宇宙や自然の大きな力を感じることで、「守られている」という感覚がよみがえり、また新たな一歩を踏み出す勇気を得られる**でしょう。

29
ポイント

「自分はとても大きな世界の一部なんだ」と想像してみる

処方箋 16

「怒りのルール」を自分でつくる

怒りは誰にでも湧き上がる自然な感情ですが、そのままにしておくと冷静さを失い、周囲との関係に影響を与えてしまうことがあります。

そんなときは、事前に**「怒りのルール」**を自分なりに決めておくことが役立ちます。

たとえば**「怒りを感じたら深呼吸を3回する」「反論する前に10秒数える」など、シンプルなルールをあらかじめ決めておく**のです。

こうしたルールがあると、感情が高まった瞬間にふと立ち止まり、冷静さを取り戻すための第一歩が踏み出しやすくなります。
ルールがあることで、無意識に反応してしまうことが減り、後悔やトラブルを避けることにつながるのです。

「怒りのルール」は、日常のなかで心のバランスを整え、余裕を持つ助けにもなります。

結果として、周囲との関係がより円滑で穏やかなものになるでしょう。

30
ポイント
事前にルールを決めておけば、冷静でいられる

ワーク

あなたの「怒りのルール」をつくろう

（例）反論する前に10秒考えてみる

第4章

怒りの先にある「本当の望み」に出逢う心の解放ワーク

いまこそ、怒りの扱い方を学ぶ機会を

怒りという感情について、これまで私たちはどれほど深く学ぶ機会があったでしょうか。「感情」や「意識」についての教育を振り返ると、その機会は驚くほど少ないことに気づきます。

私のように、意識の扱い方を教える仕事をしていると、よく「それで生計は成り立つの？」と問われます。たしかに「意識」は精神論のように捉えられがちで、それを扱う仕事はめずらしいものです。

しかし、考えてみてください。

私たちの生活を豊かにしているインターネットやスマートフォンも、誰かの

「これがあったら便利だ」というひらめきから始まりました。

私たちのまわりにあるものは、すべて誰かの想いをかたちにした産物です。

その源泉となる「意識」への関心が薄いのは、大きな矛盾ではないでしょうか。

ご自身の経験を振り返ってみてください。

「今日は調子がいい」と感じる日は実際にパフォーマンスが上がり、イラ立ちを感じているときは人間関係がギクシャクする――。このことが、意識の状態が私たちの生活に与える影響の大きさを物語っています。

とくに「怒り」は、その影響力の大きさに比べて、理解や対処法を学ぶ機会が極めて限られています。

私のもとには、多くの人が「怒ったあとの悔い」を語りに来ます。

そして、怒りをコントロールしようと試みますが、一度生じた怒りを即座に抑えることはなかなか難しいものです。

前章では応急処置としての16の処方箋をあなたにプレゼントしましたが、怒りを本質的に解決するには**「怒りが発生する前の段階」での対処が不可欠**です。怒りとの関係を根本から変えるには、この視点の転換が必要なのです。

行き詰まりを感じるのは当然です。しかしいま、心理学の進展により怒りのメカニズムは解明され、効果的な対処法が確立されています。

本章の後半では、私があなたのガイドとなり、怒りから解放される具体的なワークをお伝えしていきます。さあ、一緒に怒りとの新しい向き合い方を学び、よりよい未来への一歩を踏み出しましょう。

31 ポイント

感情を学ぶ機会はなかったから、怒ってしまうのもしかたない

対人関係の改善〝だけ〟では、怒りの本質に触れられない

「もっと上手にコミュニケーションを取れば、怒りは自然と解消されるはず」

私たちの多くが、この言葉を信じて努力してきたのではないでしょうか。

私自身、職場でも家庭でも、相手の話に耳を傾け、よりよい対話を目指して懸命に取り組んできました。

相手を理解し、理解される。そうすれば、きっとわかり合えるはずだと。

実際、この取り組みには大きな価値がありました。よりよい対話は、たしかに人間関係の信頼感を育み、社会生活を豊かにしてくれます。

しかし――。どれだけ努力を重ねても、コミュニケーションの改善〝だけ〟では、怒りから完全に解放されることはありませんでした。

カウンセリングやワークショップで出会った多くの方々も、同じ経験を語ってくれました。話し方や聴き方を工夫し、相手を理解しようと努め、ときには自分を押し殺してまで関係性を維持しようとする。

それでも、怒りから完全に解放された人は、驚くほど少なかったのです。

なぜでしょうか。

それは、怒りの根本が、対人関係の表面的なやり取りを超えたところにあるからです。

相手が違っても、状況が変わっても、私たちは似たようなパターンで怒りを感じることがあります。これは、怒りの本当の源が自分自身の内面にある深い感情だということを示しています。

コミュニケーションを改善する努力は大切です。

しかし、それは怒りから解放される手段の氷山の一角にすぎません。

本質的な解決のためには、相手とのやり取りだけでなく、自分自身の内面に根ざした感情のパターンを理解する必要があるのです。

32
ポイント

表面だけ改善しても、一時的にしかよくならない

芸術療法・アートセラピーは、本当に怒りを解決してくれるのか？

「怒りを創造的なエネルギーに変換しましょう」

〝芸術療法〟または〝アートセラピー〟として知られるこのアプローチは、多くの心理カウンセリングの現場でも採用されています。

絵を描いたり、音楽を演奏したり、文章を書いたり、こうした方法で、怒りを芸術的な表現に昇華《しょうか》させることでよい方向に向かおうという考え方は、実践しやすく魅力的です。

私自身、いまの仕事に携わるようになった当初、まさに怒りのエネルギーを原動力にしていました。「自分を認めてもらえない」という想いや、「見返してやりたい」という感情がきっかけだったのです。

最初にセミナーの教材をつくったとき、その思いをすべてぶつけるかのように、これまで自分が研究してきた内容を１０００ページ以上にわたって書き上げました。

教材は非常に画期的なものになり、多くの受講生が感動し、「人生が変わった」と言ってくれるようになりました。

表面的には大きな成功を収め、一時的には自分が認められたような気がしていました。

また、それ以前にも、私は創造的な活動に没頭していた時期があります。

西洋画家の先生に弟子入りして絵を描き続けたり、デザインの専門学校で作品をつくり続けたりと、さまざまな表現方法に取り組んできました。

創造的な活動に打ち込むことで、怒りやフラストレーションをエネルギーとして作品に昇華し、やりがいや達成感を得られる瞬間もたくさんありました。

しかし、どれだけ素晴らしい作品をつくり上げても、どれだけ受講生の人生を変えるセミナーを提供しても、心の奥底に抱えていた「自分を認めてもらえない」という思いを完全に消し去ることはできませんでした。

むしろ、成功すればするほど、その成功への執着が新たなストレスを生み出すことさえありました。

創造的な活動を通じて怒りを表現することはできても、その怒りを生み出している内面的なメカニズムに深く触れることができなかったのです。

さらに、創造的な活動には別の落とし穴もあります。

「もっといいものをつくらなければ」とプレッシャーを感じたり、**「思い通りの表現ができない」**と不満を抱えたりして、**新たなストレスの原因となることも少なくない**のです。

いま振り返ると、創造的な活動自体はとても意義深いものですし、感情を建設的な方向に向けるための有効な手段のひとつです。

ただ、それだけでは怒りの本質に触れることはできません。

表現活動と並行して、内面の根本的な原因と向き合うこと。それが、本当の意味での解放への道筋なのです。

33 ポイント

結局、自分の内面にアプローチするしかない

あなたの望みを明確にする、変化の瞬間がここにある

さて、いよいよワークをご紹介していきますが、このワークを通して、日々の生活では気づきにくい「深い願い」や「本当の思い」が少しずつ表に現れてきます。

ふと感じる怒りやモヤモヤといった感情も、ただの不快なものではなく、その奥には「本当はこうしたかった」「本当はこうありたかった」という心の声が潜んでいます。

ワークによって感情を解放するたびに、そうした隠れた思いが徐々に輪郭《りんかく》を持ち、あなたの意識にくっきりと浮かび上がるのです。

このプロセスは、まるで1枚の絵が完成へと近づいていくかのよう。

あなたのなかに眠っていた「本当の望み」が鮮明になっていく瞬間は、変化の第一歩となります。

この心の声にしっかりと耳を傾け、自分自身の本質を受け入れることで、人生の方向性に新たな光が差し込み、これまでとは違う生き方への道筋が照らされていくでしょう。

この道のりこそが、新しいステージの幕開けです。


このワークは、単なる「怒りの解放」や「心のケア」を超え、本当のあなたと向き合うための特別なプロセスです。

日々の生活のなかで、私たちはしばしば自分の本音や願望を見失いがちです。

心に湧き上がる感情を奥に押し込めてしまい、いつの間にか自分の本当の望みから遠ざかっていることもあります。

しかし、**このワークに継続して取り組むことで、心に秘めた本当の望みが少し**

ずつ明らかになり、それがあなたの目指す未来の道を照らしてくれるのです。

自分と向き合い続けることで、日々の生活がよりクリエイティブで豊かなものへと変わっていくのを感じるでしょう。そして、自分が心からやりたいことや実現したいことが鮮明になっていくのです。

34
ポイント

「怒り」の奥底にある、
自分でも気づいていない本当の望みを探す

怒りから卒業し、自分の本当の望みに気づく「心の解放ワーク」のやり方

では、いよいよワークを実践していきましょう。

全部で7ステップありますので、一つひとつ丁寧に実践してみてください。

・ステップ1「まずはリラックスする」

静かな場所で座ったり横になったりして、気持ちを落ち着けます。

ゆっくりと深呼吸をして、肩や全身の力を抜きましょう。少し目を閉じて、自分の身体に意識を向けます。

リラックスしながら、「怒ってもいいよ」「ここは安全だよ」「全部受け止める

よ」「何があっても大丈夫だよ」「あのときはしかたなかったんだよ」「あなたは悪くないよ」などと、自分に声をかけてあげましょう。

・ステップ2「身体の声を聞く」

身体のなかの声をじっくり感じてみます。

頭からつま先まで、ゆっくり身体のいろいろな部分に意識を向けて、「力が入っている場所」や「何かモヤモヤするところ」がないか探してみます。

とくにお腹や胸のあたりで、何かギュッとしている感覚がないかをチェックしてみましょう。そこに自分が感じている「怒り」が隠れているかもしれません。

怒りが湧いてきたら、それをハートで感じるイメージを持ちます。

・ステップ3「怒りをかたちにしてみる」

次に「もし怒りが目に見えるものだったら、どんな色？　どんなかたち？」と想像してみます。すると、怒りをより感じられるようになったり、イメージできたりするでしょう。そのまま、それを声に出せるようなら出してみましょう。

想像できたら、その怒りを紙に描いてみるのもおすすめです。

もしくはクッションやタオルに「怒りの気持ち」を乗せて、そこにぶつけるつもりでギュッと握りしめたり、叩いたりしてみましょう。

・ステップ4「怒りの気持ちに質問してみる」

「何か言いたいことはある？」「メッセージはある？」「どうしてこの気持ちがあるんだろう？」「何に対して腹が立っているんだろう？」「本当はどうしたかったの？」「本当は何を願っているの？」と、自分の怒りの気持ちに向かって、心のなかでやさしく質問してみます。

怒りはもしかすると「本当はこうしたいんだ！」「こうしてほしかった！」と

いうサインかもしれません。

さらに「そのとき、自分はどう感じていたんだろう?」と少しずつ思い出してみましょう。過去の自分がどうして怒っていたのかを考えると、いままで気づかなかったことに気づけるかもしれません。

・ステップ5「怒りを外に吐き出してみる」

深呼吸をして、怒りを感じる部分に息を送り込むイメージを持ちましょう。

そして、息を吐くたびに、その怒りがふわっと空気に乗って身体の外に出ていくように感じます。

まず、足から地球に怒りのエネルギーが流れていくのをイメージします。

次に、頭の上に怒りのエネルギーを上げて、どんどん流していきます。

それから、怒りが風船に乗って空へ飛んでいく様子や、川に流れていく様子を思い浮かべると、少しずつ心が軽くなっていくのが感じられるでしょう。

・ステップ6「怒りに『ありがとう』を言って手放す」

怒りが伝えたかったことがわかったら、「いままでいてくれてありがとう」「護ってくれてありがとう」と心のなかで伝えてみましょう。

そして「もう大丈夫だから、ありがとうね。バイバイ」と言いながら、感謝を伝えて手放していきましょう。

・ステップ7「毎日の気持ちを振り返ってみる」

このワークをやっていくことで、少しずつ自分の感謝や気持ちを感じられるようになっていきます。ワークをやったあとも、日々のなかで「今日はどんな気持ちが湧いたかな？」と、毎日ちょっとだけ振り返るようにしてみます。

そこから、さらにもう一度ワークをやってみたり、自分の気持ちを感じる練習を続けることで、怒りやほかの感情にも気づきやすくなっていきます。自分の本音や願いも感じやすくなっていくでしょう。

ここまでの7ステップです。一度やっただけではイメージしづらいと思います。**でも安心してください。このワークは一度で完結するものではありません。**繰り返し取り組むことで、毎回新たな発見があり、心の奥に眠っていたクリエイティビティや自己実現の力が少しずつ引き出されていきます。

続けるたびに「本当に望むこと」がより鮮明になり、その実現に向けた日々の歩みが確実に進化しているのを実感するでしょう。

自分の可能性が広がり、新たなエネルギーに満たされながら、変化の流れに乗って進む感覚を楽しんでください。

35
ポイント

「心の解放ワーク」を繰り返しおこなう

心の解放ワーク
Step 1
まずは、リラックス
身体の力を抜いて、ゆっくり深呼吸
Step 2
身体の声を聞く
おなかのあたりがモヤッとするかも
Step 3
怒りをかたちにしてみる
Step 4
怒りの気持ちに質問してみる
何か言いたいことはある？
「本当はこうしたかった」に気づけたら、カンペキ！
Step 5
怒りを外に出してみる
Step 6
怒りに「ありがとう」を言って手放す
ありがとう！バイバイ!!
Step 7
毎日の気持ちを振り返ってみる
今日はどんな気持ちが湧いたかな？

第５章

怒りを乗り越えた先の世界を知る「感情のトリセツ」

「感情のトリセツ」で、怒りを抜けた先の世界を知る

本章でご紹介する**「感情のトリセツ」**は、日常で感じるさまざまな怒りを整理し、**シチュエーションごとに、それぞれに隠された思いを引き出すのに使えます。さらに怒りを抜けた先の世界をイメージできる**ようにしています。

たとえば、誰かに約束を破られたことへの怒りは、その裏に「信頼関係を大切にしたい」という願いを反映していることが考えられます。

そして「信頼関係を大切にしたい」という願いが叶ったときには、「相手と自分を尊重し、自信が持てるようになる」というポジティブな世界が訪れることでしょう。

この章を参考にすることで、怒りを単なる感情として受け流すのではなく、自分自身を知り、前進するための道具として活用できます。

怒りを味方につける方法がわかれば、怒りは単なるマイナスの感情ではなく、あなたの本心を教えてくれる貴重なメッセージに変わります。

次に怒りを感じたとき、この「感情のトリセツ」を読んでみてください。

たとえばトリセツを開き、「この怒りはどんな願いとつながっているのだろう？」と考えるだけでも、あなたの感情の奥底にある本当の思いが見えてくるかもしれません。

その思いを見つけたら、それを叶えるための一歩を踏み出してみましょう。

そうすることで、怒りは徐々にあなたを支える力に変わっていきます。

36
ポイント
「感情のトリセツ」を定期的に見返す

トリセツ 1

理不尽な上司やパワハラに対する怒り

怒りに隠された願い

公平に評価されたい、尊重されたい

怒りを抜けたら訪れる世界

気持ちよく、モチベーション高く働き、成果を最大化できる職場環境

【解説】

理不尽な扱いを受けたとき、多くの人が感じるのは、「自分が軽視されている」という心の痛みです。

上司の言葉や態度が自分の価値を否定しているように思える瞬間は、強い孤独感や無力感につながります。この感情は、ときに怒りとして表に現れます。

しかし、ここで少し立ち止まってみましょう。何度もお伝えしているように、怒りはただの「負の感情」ではなく、私たちに何かを伝えようとするサインです。

怒りを感じたとき、まずはそれに飲み込まれず、**「この怒りは何を訴えようとしているのだろう?」と自分に問いかけてみる**ことが大切です。

「私は、本当はどう扱われたいのか?」という問いを通して、その奥にある願いを見つけることができたとき、感情の捉え方が変わります。

たとえば、**問いに対するあなたの答えが「正当な評価が欲しい」や「尊重されたい」だったとしたら、それは誰もが求めてよいものであり、恥じる必要はありません。**

その願いに気づいたら、**感情のままに相手や職場を非難するのではなく、「私**

に期待することは何でしょうか?」と、冷静に言葉にして伝えることで、対話のきっかけをつくることができます。

怒りをただの衝動として終わらせるのではなく、それを自分や周囲の環境をよりよくする原動力に変えられるのです。

こうして自分の願いに向き合い、その願いを少しずつかたちにしていくことで、職場の雰囲気にもいい影響を与えることがあります。

周囲の人もまた、自分のなかに同じような願いを持っていることに気づき、公正さや尊重の意識が広がるかもしれません。

怒りを無理に抑え込む必要はありません。それを自分自身と対話するチャンスとして受け入れることが、あなたが自分を大切にする第一歩になるのです。

37
ポイント

理不尽には、「非難」ではなく「対話のきっかけ」をつくって対応する

トリセツ 2

部下が指示を理解しないイラ立ち

怒りに隠された願い

部下に成長してほしい、信頼できるチームをつくりたい

怒りを抜けたら訪れる世界

部下が自立・自走して業績を向上させるチーム環境

【解説】

部下が思い通りに動いてくれない、何度も伝えたことが改善されない、期待する成果が上がらない――。そんな場面に直面して、胸の奥にイラ立ちが込み上げることはありませんか？

「どうしてわかってくれないのだろう」と感じる一方で、「自分の指導に何か問

題があるのでは？」と悩んでしまうこともあるかもしれません。この葛藤は、リーダーであれば誰もが一度は経験するものです。

イラ立ちという感情の裏には、「もっとできるはずだ」という期待や、「理想のチームを築きたい」というリーダーとしての強い願いが隠れています。

言い換えれば、このタイプの怒りはむしろ、部下の成長やチームの成功を心から望むポジティブな思いの表れでもあるのです。

ただし、その思いが感情的な怒りのかたちで表に出てしまうと、部下との信頼関係が揺らぎ、逆に意欲を削《そ》ぐ結果になりかねません。

では、このイラ立ちをどのように前向きな行動に転換していけばよいのでしょうか？

自分の期待をあらためて整理し、「相手にどのように伝えたら、意図がより伝わるだろうか？」と考えてみましょう。

たとえば**「どうしてできないんだ?」**という言い方を、**「何か課題があって進めづらいことはある?」という問いかけに変えるだけで、部下の状況を理解し、協力的な関係を築くきっかけになる**ことがあります。

また、短期的な成果だけでなく、長期的な視点を持つことも重要です。**すぐに完璧な結果を求めるのではなく、部下が試行錯誤を重ねながら成長していく過程を受け入れ、そこに価値を見出す心の余裕を持つように努めましょう。**部下が小さな一歩を積み重ね、少しずつ自信を深めていく姿を見ることで、リーダーとしての自分自身も成長していることに気づけるはずです。

イラ立ちを感じるということは、それだけ部下に信頼や期待を寄せている証でもあります。

その気持ちを否定せず、「どうすればこの期待を部下が受け取りやすいかたちにできるか」を模索していくことが、良好な関係を築くコツです。

そして、部下が成長し、成果を共に喜べる瞬間を迎えたとき、そのプロセス全体が「育てる喜び」としてリーダーにとっての宝物となるでしょう。

リーダーシップとは、ただ部下を動かす力ではなく、育てる力です。

その力を磨くためにも、**感情を原動力として捉え、部下との対話や関係づくりを丁寧に重ねていきましょう。**

38 ポイント

短期の成果だけではなく、長期的な視点を持つ

トリセツ 3

ミーティングや会議がムダに長いことへの怒り

怒りに隠された願い

もっと効率的に話し合い、時間を有意義に使いたい

怒りを抜けたら訪れる世界

ムダのない意思決定プロセスで、仕事が好転する

【解説】

「これ、意味あるの？」と感じる会議に参加したとき、誰もが一度はイラ立ちをおぼえた経験があるのではないでしょうか。

議論が堂々巡りで結論が出ない、目的が不明確なまま時間だけが過ぎていく。

そのような状況では、その場にいる自分が無力に思えたり、大切な時間を奪われ

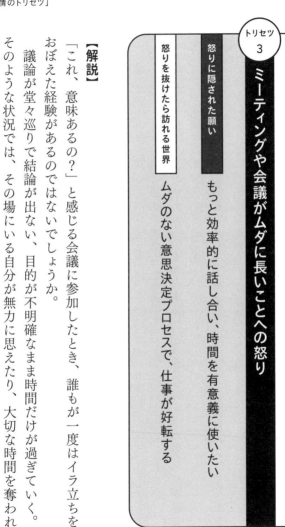

ているように感じる瞬間が訪れます。

この感情を**単なる不満として終わらせるのではなく、「会議の在り方を改善するためのチャンス」として捉えてみる**のはどうでしょうか。

この視点を持つことで、これまでムダだと感じていた時間を、効率的で生産的な環境をつくるための貴重な第一歩へと変えることができます。

たとえば、**まず会議の目的や進め方を見直す**ことから始めてみてください。

「この会議で何を決めたいのか」「そのために何が必要なのか」を事前に確認するだけで、会議の質は大きく変わります。

もしあなたが会議の主催者であれば、議題を明確にし、必要な人だけを招集するなど、シンプルかつ効果的な進行を心がけることができます。

一方、参加者の立場であっても、建設的な質問や具体的な意見を投げかけることで、会議の方向性を前向きに変える手助けができるはずです。

また、**ムダだと感じた時間を振り返り、それをもとに、自分の時間管理を見直すことも有効**です。

たとえば会議中に必要な情報を整理し、自分にできる準備を整えることで、次回以降の会議に、より主体的に関わることができます。

さらに、不要な会議への参加を減らす工夫をすることで、自分の時間を守り、有効に使う選択肢を増やせます。

こうした取り組みを積み重ねるなかで、あなた自身が「効率的な会議を生み出す人」へと成長できるでしょう。

その姿勢は周囲にもポジティブな影響を与え、結果的に、会議の文化そのものが少しずつ変わっていく可能性を生み出します。

「意味がない」と感じる会議への怒りは、単なるイラ立ちではありません。

それは、あなたが自分の時間を大切にし、生産的で価値ある活動に時間を使いたいと願う、前向きなサインなのです。

その気づきを活かし、自分の働き方や時間の使い方を見直すことで、会議だけでなく日常全体の充実度を高めるきっかけにできるはずです。

ムダだと思う時間を有意義に変える力は、間違いなくあなたのなかにあります。

その一歩を踏み出すことで、あなたの時間がより価値あるものとなり、周囲にとっても意味のある変化を生み出せるでしょう。

39
ポイント
ムダだと思う会議は、前提や目的を確認してみる

トリセツ4

急な予定変更や、無理な納期要求をされたことへの怒り

怒りに隠された願い

現実的なスケジュールで、質の高い仕事をしたい

怒りを抜けたら訪れる世界

振りまわされない職場で、成果と健康が両立する

【解説】

突然の依頼や無理な要求に振りまわされて、「これ以上どうしろと……」と感じたことはありませんか？

予定外の負担を押しつけられると、自分のエネルギーを奪われるような気がして、自己犠牲を強いられているように感じることもあるでしょう。

そんな状況が続けば、怒りやストレスがたまるのも無理はありません。

では、無理な要求に振りまわされず、自分のペースを取り戻すためにはどうすればいいのでしょうか？

何よりも大切なのは、自分の限界をしっかり理解し、それを周囲に適切に伝えることです。

たとえば「この範囲なら対応できますが、それ以上は厳しい」という具体的なラインを示すことで、相手も現実的な期待を持ちやすくなります。

ときには断る勇気を持つことも重要です。**「断るのは気まずい」と思うかもしれませんが、自分を守るための大切なスキル**だと考えてみてください。

また、自分のスケジュールやタスクを整理し、優先順位を見極める習慣を身につけましょう。**すべての要求に応えようとするのではなく、「いま、もっとも重要なことは何か」を冷静に判断する**ことで、自然と無理のない働き方ができます。

さらに、周囲とのコミュニケーションも忘れてはいけません。相手の意図や背景を知ろうとすることと、自分の状況を知らせることは、単なる対処ではなく、よりよい解決策を見つけるために大切なことです。たとえば、**相手が「無理な要求をしている」という自覚がない場合も多い**ものです。丁寧に状況を説明し、合意を形成することで、相手の理解を得られる可能性があります。

大切なのは、どんな状況でも自分の価値を見失わないことです。

理不尽な要求に応えるなかで、「なぜ自分がこれをしているのか」「自分にとって何が大切なのか」を振り返る時間を持つと、自分のペースや目標が再確認できるはずです。

理不尽に感じるできごとは、あなたが成長するチャンスでもあります。

その怒りやストレスをきっかけに、「自分の時間やペースを守るために何ができるか」を考え、行動に移してみましょう。たとえ小さな一歩でも、その積み重ねが環境を変える力になります。

無理な要求に振りまわされるたびに、自己犠牲を感じるかもしれません。しかし、その感情の裏には「もっといい働き方があるはずだ」と気づいているあなた自身の声が隠れています。その声を信じて行動を起こせば、少しずつでも充実した時間を取り戻すことができるでしょう。

40
ポイント
「断る勇気」を持ってみる

トリセツ 5

子どもの勉強や習いごとへのプレッシャーから来るイラ立ち

怒りに隠された願い
子どもが望んだ人生を手にして、幸せになってほしい

怒りを抜けたら訪れる世界
子どもが自己実現を達成し、親も安心して見守れる

【解説】

「もっとがんばってほしい」と思う気持ち。それは子どもを愛する親として自然な感情です。この思いの根底には、子どもの成長や幸せを願う深い愛情があるはずです。

しかし、その感情が焦りや怒りに変わるとき、私たちは気づかぬうちに子ども

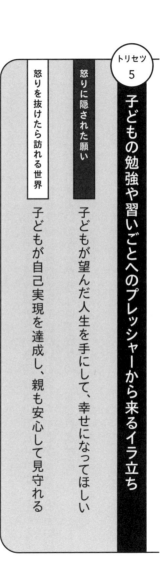

との距離を広げてしまうことがあります。

「どうしてやる気を見せてくれないのだろう」「もっと努力すれば、成功に近づけるのに」といった思いが募るほどに、親の願いや期待が、知らないうちに子どもにとって重荷になり、プレッシャーを与えてしまうことも少なくありません。

まず大切なのは、自分の「もっとがんばってほしい」という感情の正体を冷静に見つめ直してみることです。

それは、**本当に子どもの努力不足を責めたい気持ちなのでしょうか。それとも、子どもが自分の可能性を十分に発揮できていないと感じるもどかしさ、あるいは親としてどう関わればよいのかわからない不安なのかもしれません。**

これらの感情を言葉にして整理することで、心に少し余裕が生まれます。

次に、子どもの視点に目を向けることが大切です。

子どもには子どもなりのペースや価値観があり、それは親の期待や考え方と一致するとは限りません。

一見「努力していない」と思えるときでも、子どもは自分なりのやり方で悩み、試行錯誤しているかもしれません。そのプロセスを信じて見守ることが、子どもにとって最大の支えとなります。

親が「信じているよ」と心で思い、態度で示すだけで、子どもは安心して自分の力を発揮できるようになります。

また、親としてできるもうひとつの重要なことは、自分の願いを押しつけるのではなく、子ども自身の夢や目標を理解し、共に応援する姿勢を持つことです。

たとえば**日常会話で、子どもが興味を持っていることや大切にしていることを少しずつ聞き出してみてください。**

そして「それはいいね」「どうすれば実現できるだろう?」と問いかけることで、子どもが自分の考えを整理し、広げていく手助けができます。

このようなやり取りを通じて、親子の信頼関係は自然と深まっていくでしょう。

さらに、「もっとがんばれ」と直接的に伝える代わりに、「私はこう感じているよ」と自分の気持ちを共有することも効果的です。

たとえば「あなたががんばっている姿を見ると、私はとても嬉しいよ」と伝えることで、子ども自身が「がんばりたい」という内発的な意欲を持つきっかけになることがあります。

このような言葉の使い方ひとつで、親子のコミュニケーションは大きく変わるのです。

もちろん、親子関係のなかで、焦りやすれ違いを完全になくすことは難しいでしょう。

しかし、その都度、自分のなかにある焦りやイラ立ちの背景に目を向け、それを優しい言葉や行動に変えていくことで、親子の信頼関係は確実に深まります。

最終的に目指すべきは、親の期待通りに子どもを導くことではありません。

子どもが自分の足で人生を切り拓いていく力を育むこと、それをそばで支え、共に喜びを分かち合える親子関係を築くことです。

このプロセスそのものが、子どもにとって何よりも大きな安心感と未来への勇気を与えるのです。

親と子が一緒に成長していける関係を築くことで、きっとより豊かな未来が待っているでしょう。

41
ポイント
「子どもには子どもの価値観がある」と再認識する

トリセツ 6

パートナーの家事・育児への無関心から来るイライラ

怒りに隠された願い

パートナーと協力し合いたい、家族の時間を共有したい

怒りを抜けたら訪れる世界

パートナー同士が信頼し、支え合い、共に成長できる

【解説】

「なぜ私ばかりが……」と感じることはありませんか？

家事や育児、日々の仕事や家庭のこと。どれも大切だとわかっていても、自分だけが負担を抱えているように思えて、心が重くなることがあります。

それは決してわがままではなく、自然な感情です。

こうした感情の奥には、「もっと一緒に協力し合いたい」「人生を共にしながら家庭を築いていきたい」という純粋な願いが隠れているのではないでしょうか。実際、**自分だけではなく、パートナーにも家族の一員として同じ目線で向き合ってほしい、そう感じるのは当然のこと**です。このような思いは、よりよい家庭を築きたいという願望の現れでもあります。

ただ、その願いを口にするのは簡単ではありません。自分の気持ちを伝えたいと思いつつも、言葉にした瞬間に相手を責めているように思われたり、逆に反発を招いたりするのではないか、という不安があるものです。

しかし、工夫しながらこうした思いを伝えることができれば、互いの理解が深まり、パートナーとの絆をより強めることができます。

コツとしては、相手を責める言葉ではなく、「一緒にこうしていけたら嬉しい」というポジティブな提案に変えて伝えてみるのです。

たとえば、家事の負担が重いと感じるときには、「最近ちょっと家事が多くて疲れちゃってるみたい。一緒に分担のしかたを考えられたら嬉しいな」と切り出してみるのはいかがでしょうか。

このように伝えれば、相手に受け止められやすくなり、建設的な会話につながるはずです。

感情的になるのではなく、あくまで自分の気持ちを率直に伝えることで、互いが納得できる解決策を見つけやすくなります。

結果として、家族全体の幸福度が上がり、家のなかに笑顔が増えるでしょう。

「一緒に家庭をつくっている」という実感は、自分だけでなくパートナーにとってても深い満足感をもたらします。

怒りや不満を抱くのは、じつは相手に対する期待の裏返しです。

だからこそ、その期待を優しい言葉に変えて伝えることで、より素敵な関係を築いていくことができるでしょう。

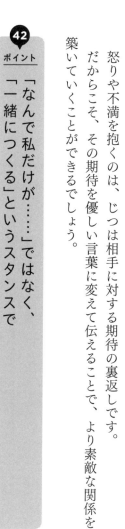

42
ポイント
「なんで私だけが……」ではなく、「一緒につくる」というスタンスで

トリセツ 7

子どもの反抗的な態度に対する怒り

怒りに隠された願い

子どもと、もっと開かれたコミュニケーションをしたい

怒りを抜けたら訪れる世界

子どもが人間関係においても成功し、家族の調和が保たれる

【解説】

子どもの反抗的な態度に対して怒りを感じる瞬間、その感情の裏には「子どもとの関係がもっとスムーズであってほしい」という心からの願いが隠れています。

親である私たちは、子どもに対して「自分の意図を理解してほしい」「ルールを守ってほしい」と期待します。

一方で、子どももまた「自分の気持ちをわかってほしい」「もっと自由に表現したい」と心で願っています。

このように双方の願いがすれ違うとき、「反抗」というかたちで表面化することが少なくありません。

ここで重要なのは、こうした状況における親の怒りが必ずしも悪いものではないという点です。

それは、親である私たちが「子どもをもっと理解したい」「そして自分も理解されたい」と願う気持ちの裏返しだからです。

この感情をきっかけに親子の対話を深めることができれば、反抗的な態度も次第に収まり、むしろ親子の絆がこれまで以上に強くなる可能性を秘めています。

では、どうすればその感情を活かすことができるのでしょうか？

まず、自分の怒りに気づき、その背景を冷静に振り返ることが大切です。「私は、本当は子どもに何を求めているのだろう?」と、自分自身に問いかけてみてください。意外にも、その答えはシンプルかもしれません。

「もっと私の言葉を聞いてほしい」「互いの気持ちを大切にしたい」といった、本音に近い願いが浮かび上がることもあります。

次に、**子どもの反抗的な態度を表面的な問題として捉えるのではなく、「この態度の裏にはどんな思いがあるのだろう?」と想像を巡らせてみましょう。**

子どものなかには、たとえば「自分の気持ちをうまく言葉にできないもどかしさ」「もっと親に認めてもらいたい」という気持ちが隠れていることがよくあります。

子どもの視点に立ってその気持ちを思いやるだけでも、状況の見え方が少し変わってくるかもしれません。

また、子どもとの対話のしかたを見直してみることも有効です。

感情的に叱る代わりに、落ち着いたトーンで「どうしてそう思ったのか教えてくれる？」と尋ねたり、「こう感じたんだね」と子どもの気持ちを言葉で確認してあげることが効果的です。子どもは、自分の思いを受け止めてもらえると感じたとき、自然と心を開きやすくなります。

さらに、自分自身の気持ちも丁寧に伝えてみましょう。**ただ「こうされると困る」という叱責ではなく、「こうしてくれると助かるよ」「こういう部分を大事にしてほしいんだ」とポジティブで具体的な言葉を使うよう心がけてみてください。**叱るのではなく、協力を求める姿勢を見せることで、子どもも前向きに受け止めやすくなります。

もちろん、親としての願いと子どもの思いがすれ違うことは避けられない場合もあります。

しかし、小さな歩み寄りを積み重ねることで、親子の距離は少しずつ縮まっていきます。そして、その先には、より深い信頼関係と、強い絆で結ばれた親子の姿が待っているはずです。

反抗的な態度に怒りを覚えたときこそ、それを「子どもと向き合う絶好の機会」として捉えてみてください。 叱責を対話に変えることで、親子関係はより豊かで深みのあるものへと成長していくでしょう。

43
ポイント
「子どもの反抗的な態度の裏にある本音は何か？」を考えてみる

トリセツ 8

電車やバスでの迷惑行為（大声での会話、割り込み）に対する怒り

怒りに隠された願い

快適な時間を過ごして、人生を豊かにしたい

怒りを抜けたら訪れる世界

他者を思いやる社会で、ストレスのない生活が実現する

【解説】

公共の場で迷惑行為を目にすると、私たちは自然と怒りやイラ立ちを覚えることがあります。

たとえば、電車内で大声で話す人や、ゴミを平然と捨てる人を見ると、「なぜこんなことをするのだろう？」と不快感が募るものです。

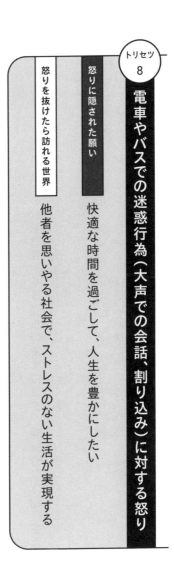

こうした感情が生まれる背景には、「自分の空間を守りたい」「秩序が保たれた快適な環境で過ごしたい」という、私たち一人ひとりが求める願いがあるのです。

この「自分の空間を守りたい」という願いは、単に自己中心的な感情ではなく、公共の場をよりよいものにしたいという前向きな思いの表れでもあります。

それは自分自身だけでなく、ほかの人々も安心して過ごせる空間を望む気持ちから生まれるものです。

この願いに気づき、それを**怒りやイラ立ちのままにせず、建設的な行動に変える**ことで、社会全体が少しずつ快適な方向へ進んでいくきっかけをつくることができるのです。

ほかの怒りのシチュエーションと同様、公共の場で迷惑行為に直面したとき、まずは自分の感情を冷静に振り返ってみましょう。たとえば「なぜこれが許せないのだろう？」と自問することで、「自分やまわりの人が気持ちよく過ごせる空間を守りたい」という、自分の本音に気づくかもしれません。この気づきは、感情をコントロールし、適切な行動につなげるきっかけとなります。

また、**迷惑行為を目にしたとき、自分自身が「周囲にとって快適な存在であるか」を振り返ってみることも重要**です。

他人の迷惑行為には敏感になる一方で、自分の行動がまわりにどう映っているかを意識する機会は意外と少ないものです。

たとえば、電車内で無意識に荷物を広げて座っていないか、歩きスマホで周囲に配慮を欠いていないかなど、**日常の行動を見直してみることは、他者の立場に立って考える視点を育むきっかけになります。**

さらに、迷惑行為を減らすための直接的な注意ではなく、周囲にポジティブな配慮を広げる行動も効果的です。

たとえば、困っている人に席を譲る、落ちているゴミを拾うといった小さな行動は、すぐに迷惑行為をなくすものではないかもしれませんが、周囲の人々に配慮が循環するきっかけになります。

こうした行動を積み重ねることで、「自分が快適だと感じる空間を、ほかの人にもつくる」という意識が広がり、社会全体に好循環をもたらす可能性があるのです。

なお、**揉めてしまう可能性もあるので、基本的には相手に直接注意することはおすすめしません。**

イラ立ちを覚えたその瞬間こそが、よりよい社会をつくるための第一歩です。その感情を出発点に、優しさや配慮を広げる行動を始めてみてはいかがでしょうか。その先には、いまよりもずっと穏やかで快適な日常が待っているはずです。

44 ポイント

迷惑行為を見たら、自分の行動を振り返るチャンス

トリセツ
9

病院や役所でのたらいまわしにイライラ

怒りに隠された願い

スムーズでストレスの少ない公共サービスが欲しい

怒りを抜けたら訪れる世界

利便性が向上し、誰もが効率的に生活を送れる

【解説】

「なぜこんなに待たされるのか」という不満は、誰もが一度は抱いたことのある感情でしょう。

私たちは、限られた時間のなかで効率的にものごとを進めたいという願いを持っています。

それが思うように叶わない状況に直面すると、不安やイラ立ちが心を支配してしまうこともあります。

待たされる状況に直面したとき、まずは深呼吸をして気持ちを落ち着けてみてください。

そのうえで、**現状を改善するためにできることを探してみるのです。**スタッフや担当者に確認する、状況を整理してみるなど、行動に移せる場合もあります。

それが難しい場合には、待つ時間を有効に使う方法を考えてみましょう。**本を読む、スマートフォンで情報収集をする、日記やメモをつけるといった小さな工夫で、時間がムダになる感覚を軽減できます。**

リラックスできる音楽を聴いたり、軽いストレッチをしたりするのも、ストレスを和らげるいい方法です。

自分の感情が穏やかになれば、周囲への言葉や態度にも自然と配慮が生まれます。不満を抱えたまま相手に接すると、感情的な言葉がつい出てしまい、不要な衝突を生むことがあります。

一方で、冷静な姿勢を保ち、相手の立場や状況を想像することで、コミュニケーションは穏やかで建設的なものに変わります。

たとえば、**たらいまわしにされている状況でスタッフや担当者に話しかける場合、「どうしてこんなに遅いんですか！」と感情的に尋ねる代わりに、「現在の状況を教えていただけますか？」「何か私にできることはありますか？」といった言葉を選んでみてください。**

こうした表現は相手に配慮を伝えると同時に、状況の改善を一緒に考える姿勢を示すことができます。

待つ時間は一見ストレスの種のように感じられますが、**じつは「心の余裕」や「他者を理解する力」を育てるチャンス**でもあります。

その瞬間を単なるイラ立ちに終わらせるのではなく、次に役立つ行動や心構えを見つける機会として捉えてみてください。

たとえば**「この時間を自分のためにどう使えるか?」と考える習慣を持つことで、待つこと自体が苦痛ではなくなり、時間の使い方にも前向きな変化が生まれる**でしょう。

小さな工夫を積み重ねることで、日常で感じるイラ立ちが穏やかな感情へと変わり、より豊かで心地よい時間を手に入れることができます。

不満を、行動や意識の変化につなげることで、心に余裕が生まれるのです。

その積み重ねが、あなた自身の生活だけでなく、周囲との関係性にもいい影響を広げていく力となるでしょう。

45
ポイント
待ち時間を有効活用できる手段を、あらかじめ持っておく

トリセツ 10

コンビニやカフェでの無愛想な店員の接客に対するモヤモヤ

怒りに隠された願い

もっと人から大切にされたい

怒りを抜けたら訪れる世界

サービスを受ける際の安心感と満足感が高まる

【解説】

無愛想な対応に直面したとき、多くの人は怒りやモヤモヤを感じるものです。たとえば接客の場面で素っ気《そっけ》ない態度を取られたとき、「なぜこんな扱いを受けなければならないのだろう」と反発したくなることがあるかもしれません。

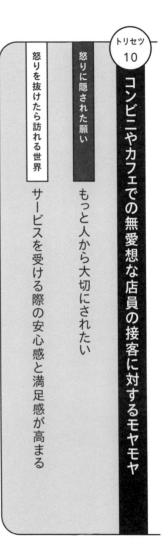

冷静さを保つためには、まずその場でひと呼吸置くことが効果的です。

深呼吸をして自分のペースを取り戻すだけでも、心が落ち着いてきます。

また「いま、この人はなぜこんな対応をしているのだろう？」と想像力を働かせてみましょう。**相手が忙しいのか、疲れているのか、あるいは別の理由で余裕を失っているのかもしれません。このように状況を俯瞰する視点を持つことで、感情的な反応を和らげることができます。**

また、無愛想な対応に対して、こちらは冷静さを保つことで、相手とのコミュニケーションの質にもよい変化が生まれます。

たとえば、**素っ気ない態度を取られたときに、こちらもイラ立った態度で返してしまうと、状況がさらに悪化してしまいます。**

しかし、感情を落ち着けて「何かお困りのことがあるんですか？」といった前向きな言葉を選ぶことで、相手が気持ちを切り替えるきっかけをつくれることがあります。

さらに、無愛想な対応をされたとき、自分が日常生活で同じような態度を取っていないか振り返るのも大切です。

忙しさやストレスのなかで、つい素っ気ない対応をしてしまうことは誰にでもあります。

それに気づき「相手がどんな気持ちでいるのかを考える」ことを意識するだけでも、周囲との関係性はより穏やかなものに変わっていきます。

無愛想な対応に怒りを覚えたその瞬間は、自分が「心地よい体験を求めている」という願いに気づくきっかけでもあります。

その願いを大切にしながらも冷静に行動することで、相手との間に新しいつながりや気づきが生まれる可能性があります。

そして、そうした行動が積み重なれば、結果的に自分の周囲に心地よい空間や関係性を広げていくことができるのです。

怒りを、冷静な対話や建設的な行動に変えること。

それが、自分自身も心穏やかに過ごすための大切な一歩となります。

その一歩を重ねることで、日常はより豊かで満ち足りたものへと変わっていくでしょう。

46
ポイント
不愛想に対して、こちらも不愛想で接するのをやめてみる

トリセツ 11

公共交通機関の運行状況の悪化によるイライラ

怒りに隠された願い

人生の時間を有効活用したい

怒りを抜けたら訪れる世界

ストレスなく移動でき、時間を有効活用できる

【解説】

交通の遅れに直面したとき、多くの人がイライラや不安を感じます。この感情の裏には、「自分の時間をムダにしたくない」「計画通りに行動したい」という、ごく自然で差し迫った願いがあります。

たとえば、通勤途中で電車が遅れたりすると、多くの人が「なぜもっとスムーズに進まないのか」とイラ立ちを覚えることでしょう。

しかし、その感情に任せてしまうと、かえってストレスが増してしまいます。

まず、遅れが発生したときには、怒りをそのまま抱え込まず、現状を受け入れることが大切です。

多くの場合、交通の遅れは、自分ではどうにもならない状況です。

こうした〝自分でコントロールできない事態〟に直面したときこそ、「では、いま自分に何ができるだろう?」と考えてみましょう。

この視点を持つことで、ストレスを和らげ、建設的な行動につなげることができます。

たとえば、**移動中にできる具体的なアクションをあらかじめいくつか準備しておく**とよいでしょう。

手軽に持ち歩ける本や、ダウンロード済みの音声コンテンツを用意しておくと、遅れた時間を読書や学びの時間に変えられます。

また、メールの整理やその場でスケジュールを見直すなど、普段手がまわらないことを進める時間として活用するのも一案です。

こうした工夫を日頃から心がけておくことで、「もし遅れが発生しても、この時間を有効活用できる」という安心感を持てるようになります。

さらに、遅れに対するイライラを軽減するためには、事前に余裕を持った行動を心がけることも効果的です。

移動時間に少しでも余裕をつくることで、予定が多少変更になったとしても焦らず対応できるでしょう。

また、交通機関の情報を事前に確認し、代替ルートを調べておくことも重要です。**「これをやっておけば大丈夫」という準備があるだけで、不測の事態に直面**

しても冷静でいられるものです。

加えて、遅れた原因や状況を冷静に理解することも、感情を落ち着ける助けになります。

たとえば天候の悪化や事故など、不可抗力の理由で遅れている場合、「誰かのせいではないから、しかたない」と受け止められると、怒りが和らぐことが多いものです。

このように**状況を俯瞰する視点を持つことは、心の余裕を保つうえで大きな助けとなります。**

交通機関の遅れがもたらすイライラを感じる瞬間は、自分が「時間を大切にしたい」と思っていることを再認識するタイミングでもあります。

その思いをポジティブな工夫につなげることで、移動中の時間をただのストレスではなく、有意義な時間に変えることができるのです。

結局のところ「何ができないか」ではなく、「いまの状況で何ができるか」を考える視点を持つことが、移動中の過ごし方を変える鍵になります。

この視点を取り入れることで、日常全体の充実感が増していき、その積み重ねが、あなた自身の生活をより豊かで前向きなものへと変えていくはずです。

47

ポイント

自分でコントロールできないものは「しかたない」と割り切る

トリセツ 12

他人と比べることで自己否定を感じてモヤモヤ

怒りに隠された願い

自分らしく生きる安心感が欲しい

怒りを抜けたら訪れる世界

自己肯定感が高まり、幸福度が向上する

【解説】

他人と自分を比較してしまうことは、多くの人が経験するものです。
職場で同僚が自分よりも早く成果を認められたときや、SNSで誰かの輝かしい日常を目にしたとき、心のなかで「自分はどうだろう」とつい考えてしまうことはないでしょうか。

そのとき、胸の奥に何かが引っかかるような感覚が広がることもあるかもしれません。

こうした感情の裏側には、**「自分も価値のある存在だと感じたい」**という願いが隠れています。この願いは特別なものではなく、私たちが安心感や自信を持つために必要な心の働きのひとつです。

誰かから評価されたり、何かを成し遂げたりしたとき、私たちは自分の価値を実感し、満たされた気持ちになります。

しかし、その願いが満たされないとき、人は無意識のうちに他人に目を向け、自分に足りないものを探してしまうのです。

この「他人との比較」を続ける限り、心から満たされることはありませんし、そもそも比較することは無意味です。なぜなら、他人と自分は異なる存在だからです。

たとえば、ある人の成功が「数字で表せる業績」によるものであったとしても、自分の価値が同じ基準で測れるとは限りません。

他人のよさはその人のものであり、自分自身の価値を見つけるには、別の基準が必要です。それこそが、自分自身に目を向けるということなのです。

まずは、自分のなかにある「価値を感じたい」という願いに気づいてみてください。その気持ちは、あなたが自分を大切に思っている証拠でもあります。

そして、その願いを**他人との比較ではなく、自分自身で満たす方法を探してみましょう。**

たとえば、過去に自分が「これは自分らしい」と感じた行動や、ほかの人から褒められたことを思い出してみてください。

小さなことでもかまいません。「料理を工夫するのが好き」「友人の相談に乗るのが得意」といった身近な場面にも、あなたらしさが隠れているかもしれません。

また「他人と比べてしまった」と自分を責める必要はありません。

それよりも「なぜ比べてしまうのだろう」と、その感情にやさしく向き合ってみましょう。その理由を知ることで、少しずつ「自分だけの価値」を見つけるヒントが得られるはずです。

そして、**比較することから解放されたとき、本来の自分らしさを取り戻せる**でしょう。その瞬間こそ、心からの安らぎと満足感を得られるときです。

最終章では12のトリセツをご紹介しました。感情が振りまわされたと感じたときや、怒りが湧き上がってきたときに、当てはまる項目だけでも読み直し、感情や行動の振り返りをしてみてください。

48 ポイント

過去に「人から褒められたこと」を思い出す

あとがき

怒りはずっと、私にとって怖いものでした。

まるで魔物のように人の理性を奪い、ときに取り返しのつかないことをさせる。
普段は穏やかな人ですら、突然、激しく爆発することがある。
その姿を目の当たりにするたびに、**「怒りは遠ざけるべきものだ」と思っていました。**

そんな思いを抱え、私自身もまた、怒りをどう扱えばいいのかわからないまま生きてきました。

20代のころから、心の重さをどう克服できるのかを求め、アジアやアメリカを旅しました。心理学、コーチング、意識の変容——。学べるものはすべて学びました。

そんななか、とある世界的なシャーマンの儀式に参加する機会を得ました。南米ペルーのジャングルの奥地でおこなわれるこの儀式には、世界中から人々が集まります。

そこで私は、想像もしなかったほどの怒りが自分の内側から次々と湧き上がってくる感覚を味わいました。

恨みや悲しみとともに、ずっと押し込めてきた感情があふれ出し、自分がどれほど怒りを抱えていたのかに驚きました。

そして、その怒りに飲み込まれながらも、ふと気づいたのです。

「怒りは、私自身ではない」

第1章でも書きましたが、怒りを抱えていると、それがまるで自分自身の一部のように思えてしまいます。

「自分はひどい人間なのではないか」「誰かを傷つけてしまうのではないか」と、罪悪感を抱くこともあるでしょう。

もしかすると、あなたにも、怒りをぶつけてしまったことで大切な人を傷つけた経験があるかもしれません。

怒った自分を責め、「こんな自分ではいけない」と思っているかもしれません。

でも、それは違います。

怒りは、あなたではない。

それは、あなたの本質ではなく、一時的に生じた反応にすぎません。

シャーマンの儀式のなかで、怒りがどんどん抜けていったとき、最後に残ったものがありました。

それは、愛でした。
思いやりでした。
温もりでした。

怒りを手放した先に、本来の自分の姿があったのです。
あなたの本当の姿は、その奥にある優しさや愛なのです。

いまの世の中は、怒りが渦巻いています。
誰かを攻撃し、否定し、怒りをぶつけ合うことが、まるで日常のようになっている――。

でも、その奥には、誰もが本来持っている優しさや美しさがあるのです。

怒りと向き合うのは、ときに大変なこともあります。

すぐに整理できるものもあれば、時間がかかるものもある。

あるいは、この本を読んだあとも、しばらくしてから怒りに困ることがあるかもしれません。

そこで、読者の皆さまが実践しやすいように、最後に私から3つのプレゼントを用意しました。

1つめは、3日に一度届くメッセージです。

本を読んだときは「なるほど！」と思っても、時間が経つと忘れてしまったり、忙しさに流されてしまうこともありますよね。

そこで、本書の内容を短くまとめた振り返りメールをお届けします。ふと目にしたとき、新たな気づきやヒントが生まれるかもしれません。

2つめは、ワークブックです。

「頭ではわかるけど、実際にやってみるのは難しい」「ひとりで実践できるツールが欲しい」……そんなときのために、感情とじっくり向き合えるワークブックを用意しました。

怒りのパターンを整理したいときや、より深く掘り下げたいときに、ぜひ活用してください。

3つめは、AIアプリです。

「怒りの真っ最中で冷静になれない」「どう整理すればいいかわからない」……そんなとき、このアプリに感情を入力すると、ワークを通じて気持ちを整理し、冷静さを取り戻すサポートをしてくれます。

これらはすべて、巻末に記載した情報からダウンロードすることができます。
ぜひチェックしてみてくださいね。

怒りと向き合い、その正体を知り、手放していくことで、あなたも本当の自分に出会うことができます。

たとえこれまで怒りに苛《さいな》まれ、苦しんできたとしても——。
その先には、必ず喜びが待っています。

あなたが怒りを乗り越え、心からの願いに気づき、喜びとともに人生を歩んでいくことを、私は確信しています。
この本が、あなたにとってその第一歩となりますように。

堀内恭隆

著者プロフィール

堀内恭隆（ほりうち・やすたか）

一般社団法人LDM協会代表理事。株式会社シンクロニシティ・マネジメント代表取締役社長。作家、講演家、カウンセラー。認知心理学、脳科学、コミュニケーション、コーチングなど、さまざまなテーマを長年にわたり研究。それらを統合したメソッド「LDM（ライフ・デザイン・メソッド）」を開発し、自分らしさを最大限に発揮する生き方を発信。受講者は1万5千人を超える。小学生のころから「自己催眠」の本を読み漁り、自身で人体実験を繰り返すなど、自他共に認める「人間の意識と無意識」領域のオタク。とくに「怒りのコントロール」については膨大な時間を研究に投下している。著書に『人間関係のおかたづけ』『シンクロニシティ・マネーの法則』（共にKADOKAWA）『シンクロニシティ・マネジメント』（サンマーク出版）などがある。

イライラ、さよなら。

―不機嫌から卒業するための48のポイント

2025年4月24日　第1刷発行

著　者　　堀内恭隆

発行者　　徳留慶太郎
発行所　　株式会社すばる舎
〒170-0013　東京都豊島区東池袋3-9-7 東池袋織本ビル
TEL　03-3981-8651（代表）　03-3981-0767（営業部）
FAX　03-3985-4947
URL　https://www.subarusya.jp/

印刷　モリモト印刷

落丁・乱丁本はお取り替えいたします

ISBN978-4-7991-1320-2